1万円起業

片手間で始めて
じゅうぶんな
収入を稼ぐ方法

クリス・ギレボー 著
本田直之 監訳
CHRIS GUILLEBEAU
NAOYUKI HONDA

THE $100 STARTUP

飛鳥新社

文庫版　監訳者のことば

「最初に断言しておきます。この本に書いてある方法を知っておかなければ、あなたはとてつもない損をします」

――これは2013年に刊行された本書の単行本版の冒頭で私が述べた言葉です。

実際のところ、単行本版は読者の支持を集め、「その方法」により「生き方が変わった」「お金を増やすヒントになった」など大きな反響をいただきました。

さて、本書で述べられている「その方法」とは何か。

それは、**まったく新しいお金の稼ぎ方**です。

起業といえばそうなのですが、あなたがいま思い浮かべたような、昔ながらの起業ではありません。

勤めていた会社を一念発起して辞めて、一生懸命に貯めてきた資金をつぎ込んで、ワンチャンスに賭ける——起業という言葉からは、そんな「人生の一大事」がイメージされるのではないでしょうか。

でも、**そんなやり方は、もはやナンセンス**です。なぜなら、リスクも資金もなしに、誰でもビジネスをスタートできる時代が始まっているからです。

本書の方法は、「起業」とか「独立」という言葉から想像されるあらゆる問題点と無縁、といっても過言ではないでしょう。

貯金はいりません。
会社を辞める必要もありません。
主婦の方でもできます。いや、むしろ向いているかもしれません。
年齢も問いません。シニアの方には、セカンドライフの大チャンスでしょう。

話がうますぎるように聞こえますか?

でも、本書を読み終える頃には、起業なんて考えたこともなかったあなたが、こう思うでしょう。「これは、やってみなければ損だ」と。

監訳者のことば

本書の原題は**THE $100 STARTUP**です。邦題がズバリ示す通り、ごくごく少額の資金からビジネスを始めて、思い通りの生活を手に入れた人たちの実例集です。

飛行機のマイレージを有効に使い切る方法を趣味で教えていた人が、ためしに手数料を取ってみたら、本業より儲かるようになってしまった。

旅行先の地図を探したが気に入るものがなかったので、自分たちでつくってしまった。それをネットで売りに出してみたら、注文が殺到した——。

そんな、まとまった資金のいらないお金の稼ぎ方を、1500人もの対象者に数年がかりで徹底リサーチし、そのエッセンスを丁寧にマニュアル化したのが本書なのです。対象者の主な条件は、以下の通り。

- **初期資金は100ドル（1万円）～1000ドル（10万円）**
- **年間の収益5万ドル（500万円）以上**
- **資格や特別な技能は必要としない**
- **ごく少人数（自分1人、もしくは友人数人との場合がほとんど）**

このように、まさに「誰にでもできる」が大前提。しかも、日本におけるサラリーマンの平均年収が414万円（2013年度　国税庁調べ）ですから、それを上回る利益を上げている例ばかりということになります。

旦那さんが働きに出ているあいだ、ちょっとした趣味をうまく収入に変えて旦那さんより稼いでしまった——そんな主婦の話など、女性の実例も多く出てくる本書。日本でも女性がうまくスキマ時間でお金を稼いでいるな、と実感することが、単行本版が出たあとの2年足らずの間にも加速度的に増えています。そうした方が常識にとらわれず稼いでしまうのを見ていて思うのは、「余計な知識などない方がいい」ということ。「私なんて無理」という人こそ、向いているのかもしれません。

手軽さもさることながら、本書のいちばんの特徴は、登場する人たちの多くが、**起業家を目指していたわけではなかった**、という点でしょう。

「これってもしかして、起業？」とあとから振り返るような人ばかり。

趣味でも楽しむかのように気負いなくやっていたら、稼げてしまった。副業のつもりが、本業より儲かるようになった。結果、「気がつけば起業しちゃった」人たちの話なのです。

だからでしょう。

実に多種多彩なビジネスの形が本書には詰まっています。起業となると「自分の飲食店を出す」だとか、最近なら「ネットワークビジネス」ばかりを考えてしまう人が多いと思います。しかし、本書のユニークでバラエティに富んだ例を見れば、**ビジネスの種はいくらでも転がっていること、そして、あなた自身もそれを1つや2つすでに持っていること**に気付くはずです。

もちろん、ビジネスを成功させるには、偶然ではなく必然の「条件」があります。アイデアの見つけ方、それをどう商品化（もしくはサービス化）するか。人の心をつかむ売り込みのコツ。うまくいきはじめたとき、次に何をすればいいか。

これら各段階におけるポイントを著者が見事に抽出し、まったく予備知識のない人でも即、実行に移せる形で紹介しています。

数々のビジネス立ち上げを経験している私から見ても、「こんなやり方があったのか！」とうなる発見だらけ。単行本版を読んだ自営業の方から、「収益がアップした」という声もいただきました。

すでに独立を志している人や、「これまで起業の本を読んだけど役に立たなかった……」という人にも、新しく得るものがあるはずです。


企業にいれば終身雇用に守られて安泰、という時代はもう戻ってきません。

著者は**「もはや企業にいるほうがリスキーで、独立したほうが安全」と主張しているのですが、ここ日本においても同じ状況が出現しつつあるのです。**

これを「不安だ」と感じる人が多いと思いますが、それはあくまで従来の価値観でのこと。個人に目を移せば、これまでにないくらい大きな力を持つことができる、**幸福な時代**が訪れようとしているのです。

それを改めて実感したのも、本書を読んでのことでした。

第1章にアメリカのポートランドという町のマットレス店が出てくるのですが、私はそのお店を知っていました。有名企業が経営しているわけではなく、チェーン店でもない、ただの個人経営のお店です（ある仕掛けによって大成功を収めているのですが、それは読んでのお楽しみです）。

これは本当にすごいことです。

数年前であれば、大企業ですら、海外にその存在を知らしめようとすれば莫大な広告費がかかったうえ、必ずしも成功したわけではなかった。

それが今や、世界中の人に応援してもらえるようなビジネスを、あなた1人でつくり出すことさえできるのです。


そのために必要なのは、たった1万円の資金と、ちょっとしたアイデア1つだけ。

副業も起業も簡単にできるし、いくつも同時進行して、うまくいったものだけ続ければいい。何も恐れることはないのです。

今回、文庫化されることになり、より多くの読者の皆さんにお届けできることを、うれしく思っています。そして、本書との出会いが、1人でも多くの人の人生を豊かなものにするように、心より願っています。

本田直之

目次
contents

第1部　気がつけば、起業家

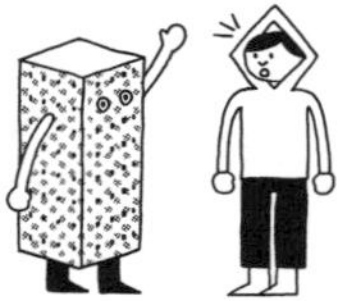

第2部　さあ、街で売ろう

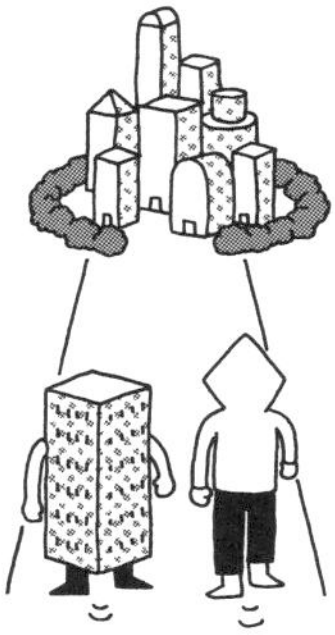

第3部 利益を増やす次の一手

Prologue
プロローグ

必要なものを、あなたはすべて持っている

◇「小さい者が勝つ時代」がやってきた！

想像してみよう。

今日が自分以外の誰かのために働く最後の日だと。

1日の仕事をこんなふうに始められたらどうだろう？

自宅のオフィスでパソコンを起動させる。あるいは、自分の店のドアをくぐる。自分を信頼し、助言を必要としている顧客に電話をかける。

会議もなく、書類に上司のサインをもらう必要もない。指図された仕事ではなく、**あなた**がしたいことだけをする――。

そんな生活が、遠い、あてもない未来ではなく、すぐ目の前に待っているとしたら？

世界中で、実にさまざまな方法で、何千、何万という人がまさにそれを実現している。仕事のルールを書き換え、自ら采配《さいはい》を振るい、新しい未来を創造しているのだ。

「予期せぬ起業家たち」、言い換えれば自分がビジネスを起こすなどと考えもしなかった人たちに、この新しい生き方のモデルは着実に広まっている。自立し、目的のある人生を手に入れると同時に、豊かな収入を得る方法――それは**マイクロビジネス革命**だ。

小規模なビジネスは昔からあったが、今ほど多くの可能性が、ちょうどいい場所とタイミングで、そろって登場した時期はなかった。

「機械オンチ」という言葉が死語になるほどにテクノロジーは使いやすくなり、かかる費用も劇的に減った。新しいアイデアはすぐにテスト販売できて、見込み客の反応を見るのに何か月も待たなくてもいい。オンライン決済サービスPayPalのアカウントはほんの数分もあれば開くことができ、180か国以上の買い手からたちまち送金を受けられる。

マーケティングに多額の費用をかける必要もない。立ち上げがうまくいって固定客が増えれば、その人たちの購買行動に注目するだけで、何を提供すれば喜ばれるかがあらかじめわかるからだ（これは、前もって売れ行きの予想が立つことを意味する）。

こうした変化のなかでもっとも重要なのは、**キャリア選択において何がリスキーで何が安全かという重大なポイントが、すっかり変わってしまったこと**だろう。

昔は賃金をもらって働くか、大きなリスクを背負って独立するかの二者択一だった。だが、大企業も厳しい環境に置かれる現在では、雇われて働くほうがよほどリスクの大きい選択かもしれない。それよりも独立して、安全な道を歩んだほうがいい。

とても越えられないと思い込んでいた壁が、もう消えてしまっているとしたら？

借金をせずに、手持ちのわずかな資金ですぐに事業を始める。

従業員を雇わずに、自分の情熱とスキルを駆使して1人でプロジェクトを始める。

ビジネススクールに行かずに（実際、マイクロビジネスの経営はビジネススクールでは学べない）、6万ドル（600万円）の学費を節約して、仕事をしながら学び、自ら創出した仕事を長期的に発展させていく――。

そんな生活を「ごく自然な選択の結果」として実際に手に入れた人たちの実例集が、この本だ。

ベンチャー・キャピタルに関する大言壮語《たいげんそうご》と自家製オーガニックレストランの話

を盛り込んだ本はいくらでもある。誰も読まないうえに、実際のビジネス経営とはかけ離れた80ページもの企画書の書き方を教える手引書もある。

本書はそういうものとはまるで違う。

本書を貫く2つの主なテーマは**自由と価値**だ。自由は誰もが手に入れたいと願うもので、価値はそれを実現するための方法といえる。

夢を実現させ、心底好きなことをして豊かな生活を送る方法を見つけた人たちの考え方と実践を紹介し、あなたにもその仲間入りをしてもらいたいのだ。

◆生まれながらの一匹オオカミでなくていい

私自身もそうした生き方を送っている。

10年以上前、私は個人事業主としての生活を始めた。「起業家になりたい！」と意気込んでいたわけではなかった。自分の頭で考え、行動した結果、そうなっただけだ。

まず、小さなアパートの一室で、これまで他人がしてきたことを分析し、成功例を模倣《もほう》することから始めた。最初のビジネスは、ジャマイカからコーヒーを輸入して、ネットで売ること。なぜかといえば、**それで儲けた人がいたからだ**。私には輸入やコーヒー豆の焙煎《ばいせん》、販売に関する特別なスキルは何もなかったが、十分な生活費を稼ぐことができた。

やがて、社会にもっと貢献したくなった私は西アフリカに行き、医療慈善事業団体のボランティアとして4年間、ランドローバーに満載した物資をシエラレオネとリベリア中の医療機関に届けた。そうして私は自由と責任がどのように結びついているか、また、独立への欲求をどうすれば世の中を助ける行動に結びつけられるかを学んだ。

アメリカに帰国後、私は物書きとして仕事を始めた。そのときの手順も、他のあらゆることを学んだのと同じだった。

まず思いつきを実行に移し、他のすべては仕事をしながら考えるというやり方だ。そして、世界各国を訪れる旅を始め、1年間に20か国を回りながら、行く先々でビジネスをしている——。

そんな実体験をみなさんとシェアしたいと思っているが、主人公は私ではない。

それより伝えたいのは、うまくいった人たちと同じことが、どうすればあなたにもできるかだ。そのために、徹底的な取材とアンケート調査をした（調査方法については第1章でふれる）。

その結果、**これまでどんな本にも書かれていなかった重要な「起業の現場における教訓」**が浮かび上がった（私も驚いたのだが、広く「ビジネスの常識」と信じられていたことの多くが、今ではまるで役に立たない。5年以上前に書かれたビジネス立ち上げの方法は、忘れてもらったほうがいい）。

本書ではそれらの教訓を、立ち上げから事業の拡大、フランチャイズ化（のぞまないのなら、そうする必要はない）まで、実際の手順に沿ってまとめている。

いわば、**最新の効果が実証済みの行動計画集**であり、しかもそれらは自分の意思、環境に合わせていくらでも変更がきくし、容易に実行できる。

調査に応じてくれた人たちのなかで、若い頃からひたむきに独立を目指していた「生まれながらの一匹オオカミ」はほんのひと握りで、ほとんどは社会に出る年齢になるまで独立して働くつもりなどなかったふつうの人たちだ。

何人かはレイオフやリストラで職を失い、突然生活費の支払いや家族を養う方法を探さなければならなくなった（こうしたケースでは、ほとんどすべての人が次のような感想を述べている。「仕事を失ったのは、人生で最高のできごとでした」）。

誤解のないように言っておくと、この行動計画は働かずにすむ方法を教えるのではなく、よりよい仕事をするためにある。目指すのは**他人が喜んであなたにお金を払いたくなる価値あるものをつくり上げること**だ。

考えているだけでお金を稼ぐ方法がわかるとあなたが思っているのなら、本書を置いてそうすればいい。

自分がやりたいことを実現しながら、何か価値のあるものをつくり上げたいと願うなら、本書は役に立つはずだ。1万円起業家たち――予期せず、少ない資金で自由を手に入れた人たち――が教えてくれた道をたどっていこう。

第1部
UNEXPECTED ENTREPRENEURS

気がつけば、起業家

第1章　自分を再発見しよう

あなたが「やってきたこと」には必ず別の使い道がある

2009年5月4日、月曜日の朝。マイケル・ハンナは高級デパートで買ったスーツに色鮮やかなネクタイを締め、オレゴン州ポートランドにあるオフィスビルに向かった。キャリア25年のベテラン営業マン。その日常は、会議への出席、顧客への売り込み、ひっきりなしに届くメールへの返信で過ぎていく。

その日、職場に到着すると、上司から「あとで話がしたい」と書かれたメールが届いていた。もちろんですとも。さらに何件かメールや電話をやりとりし、週間計画を立て、午前中は何ごともなく過ぎた。

ランチタイムは顧客と一緒に過ごし、帰る途中でエスプレッソを飲んでリフレッシュ。午後の始業時間に間に合うようにオフィスに戻ると、またいくつかのメールに返信してから、上司の部屋に向かった。

部屋に入ったマイケルは、イスに座ってから、上司が自分と目を合わせようとしないことに気づいた。

「そのあとは……すべてがスローモーションを見ているようでした」とマイケルは語ってくれた。

「こういう経験は人からいやというほど聞かされていたのに、いつも聞き流していたんです。まさかそんなことが自分に起きるなんて考えもしませんから」

上司は、不況のせいでね、とか、優秀な人材を手放すのは本当に残念なのだが、などと口にした。すると、どこからともなく人事部長が現れて、マイケルの机まで同行し、私物を詰めるための段ボール箱を手渡した。マイケルは何と言っていいかわからなかったが、近くにいる同僚の目を意識して平静を装った。

午後2時半。家に向かって車を走らせながら、彼は考えた。職を失ったことを、妻と2人の子どもたちに、何と言って打ち明ければいいだろう――。

何日かしてショック状態から回復すると、失業手当を受け取り、求人情報を探しまわる慣れない日常が始まった。仕事はなかなか見つからない。マイケルの経歴は申し分なかったが、職を求めて歩き回る同じような立場の人間はぞろぞろいた。業界は変革期にあって、以前と同じような給料のいい仕事に戻れるかどうかは、はなはだ心もとなかった。

そんなある日のこと。家具屋を営む友人が、ベッド用のマットレスが山ほど売れ残って困っている、とマイケルにこぼした。

「たぶんお前ならそういうものをうまく売ってくれるんじゃないかな。ほら、地域の情報を集めたウェブサイトとかでさ、詳しいだろ?」

無茶な話だったが、求職活動も一向に進展がない。いよいよとなったらマットレスは原価で売れればいいとマイケルは思った。そして妻に電話をかけて、こう聞いた。

「やあ、話せば長くなるんだけど、マットレスをひと山買ってもいいかな?」

次の問題は、品物の保管場所だ。市内を探しまわって、マイケルは最近閉店したばかりの自動車ディーラーを見つけた。建物の所有者に電話をかけて、以前ショールームだったところに店を開きたいと問い合わせたところ、2つ返事で契約は成立。不動産業界も不況というわけだ。

意外なことに、最初の在庫はネットでの簡単な告知と口コミだけですぐに売れた。

いちばん大変だったのは、どんなマットレスを買えばいいかという質問に答えることだった。

「事業計画もなければ、マットレスに関する知識もありませんでしたから。ただ、前々から感じていたことを実行したのが、よかったのかもしれません。家具を売る店といえば、うさんくさくて押しつけがましい印象しかありませんでした。だから、お客にうるさくつきまとったりせずに、とにかく居心地よくしてもらおうと思ったのです」

はじめての経験がうまくいったので、マイケルはその気になった。マットレスについていろいろと調べ、地元の供給業者とも話し、保管場所を継続して使えるように家主とも話をつけた。

妻はウェブサイトを立ち上げた。「押し売りしないマットレス店」というコンセプトは街で次第に評判になっていった。

これだけなら大成功とまでは言えないが、ハイライトはここからだ。マイケルはある独特のサービスをはじめ、一躍脚光を浴びることになったのだ。

それは、**業界初の自転車による配達だ。**

キングサイズのマットレスを積める荷台を後部につけた特製2人乗り自転車は、友人がつくってくれた。それに乗って颯爽《さっそう》と街を行く姿は、これ以上ない宣伝になった。

さらに、自転車に乗って来店したお客には、無料配送サービスの特典をつけた。この戦術は店のファンを増やし、数多くの動画がＹｏｕＴｕｂｅにアップされた。

こうしてマイケルは思いがけず手にした売れ残りのマットレスから、利益の出るビジネス、家族を養うのに十分な収入を得られる真のビジネスを築き上げた——それも、ただなりゆきに従っただけで。

会社生活に突然の別れを告げた日から2年目の記念日。マイケルがクローゼットを整理していると、会社員最後の日に着ていたスーツが目に留まった。この2年間、そのスーツには——そして会社員時代に着ていた他の高価なスーツにも——一度も袖を通さなかった。彼はスーツを自転車に積んで、慈善団体に寄付し、そのまま自分のマットレス屋に出勤した。

「クビになってからの2年間で、人生は劇的に変わりました。会社人間からマットレスの配達員になった。それでも、こんなに幸せだったことはありません」

◆世界各地で、１万円起業家が次から次へと誕生している

マイケルのマットレス屋が誕生した同じ時期、同じ街の反対側で、駆け出しの起業家サラ・ヤングが毛糸店を開店しようとしていた。不況のさなか、しかも起業経験もないのに、なぜ思い切った行動に出たのか。そう聞くと、彼女は答えた。

「経験がなかったわけじゃありません。経験の種類が違っただけ。起業したことはなくても、買い物の経験があったんですからね。どんなものがほしいかわかっているのに、それがないから自分でつくったんです」

サラの毛糸店は開店６か月で黒字になり、ネット販売も成功して世界中にファンを獲得した。

実際の店舗すら持たない例もたくさんある。ほとんどゼロに等しい初期資金でインターネットビジネスを興《おこ》した人が世界各地にいるのだ。

イギリスのスザンナ・コンウェイは自分が楽しむつもりで写真教室を開いたが、ジャーナリストとして稼ぐ以上の収入を手にして心の底から驚いた。

（彼女への質問「起業したときに予想していなかったことは何ですか？」――答え「起業していることさえ知らなかったんです！」）

ベニー・ルイスはアイルランドの大学で工学の学位を取得したが、それを役立てたことは一度もない。そのかわり世界中を回って、短期間で外国語を身につける方法を学生に教える「プロの外国語ハッカー」として生計を立てている。

（彼への質問「あなたのビジネスについて、言っておきたいことはありますか？」――答え「ええ、僕のしていることをビジネスと呼ぶのはやめてください！　僕は最高に楽しんでるんですから」）

「1万円起業家」の世界へようこそ。

この世界は、普段あなたが耳にするビジネスニュースとは無関係に動いている。

インド人ブロガーが年間20万ドル（2000万円）を稼ぎ出す。さすらいのフリーライターが昨日はブエノスアイレス、明日はバンコクで仕事する。個人経営の店で売り出された商品がたった1日で10万ドル（1000万円）の収入をもたらす（そして、不審に思った銀行の支配人は口座を閉鎖する）。

マイクロビジネス――１人、もしくは数人規模で経営しているビジネス――は、決して目新しいものではなく、商業が始まって以来ずっと存在し続けてきた。古代アテネやローマの目抜き通りには商品を売り歩く人の姿があったし、現代でも、商売が少量の売り買い、あるいは物々交換で成り立っている地域もある。

型破りな宣伝方法？　それも決して新しいものではない。

そうすることが当たり前になるよりずっと前から、あるロックバンドは大メディアによるＰＲ（レコード業界における伝統的な手法だ）を避け、ファンと直接交流しようとした。するとファンは、自分たちがバンドに憧《あこが》れる大勢のリスナーの１人ではなく、バンドを中心にした共同体の一員だと感じるようになった。また、そのバンドはアルバムの売上だけに頼らず、ひっきりなしにライブを開いて、チケットの売上と物販で収益を上げた。

つい最近の例に聞こえるが、これは１９６７年の話で、そのバンドとは60年代を代表する大御所、グレイトフル・デッドだ。

方法自体は新しくなくても、今までと決定的に違うのは、ビジネスを立ち上げ、顧客をつかむまでにかかる費用の少なさと期間の短さだ。

思いついてから起業するまで、現在では100ドル（1万円）未満の資金と、1か月足らずの期間があればいい――本書に登場する起業家の誰に聞いても答えは同じだった（準備時間について、「ひと晩」と答えた人もいたが）。

商業は人の歴史と同じだけ古くから存在したかもしれないが、その規模や範囲、そして顧客とのつながりは、劇的に変化している。修理に片づけ、どんな雑用も引き受ける便利屋はかつて、食料品店にチラシを貼ったものだった。それが今では「台所の戸棚の取りつけ」とグーグルで検索した人向けに、パソコンの画面を通じて宣伝するようになった。

これは、ひと握りの選ばれた人たちの話ではない。世界中で「ふつうの人たち」が伝統的な雇用から抜け出し、自分の思い通りの人生を歩んでいる。たいていは十分な訓練も受けず、ほとんどの場合、満足な資金もないのに、だ。

◇今日からできる「1万円起業」の基本モデル

本書で紹介する実例がどのようにして集まったかをお話ししておこう。

すでに述べた通り、私自身が起業家であり、ビジネスモデルのケーススタディにも取り組んできた。多種多様なケースを眺めるうち、いや応なしにある共通点を思い知ることになった。採算のとれるビジネスは、だいたいにおいて１人で、たいした起業資金をかけずに始められていた――この発見が、ことの起こりだ。

現実を正確に知るため、私はチームをつくり、数年にわたる調査を実施することにした。

まず私自身でワークショップを開いたり、アメリカとカナダの65都市と世界15か国を回って、できるだけ多くの「予期せぬ起業家」たちに話を聞いた。インタビューできた人数は、チーム全体で数えて１００名以上にのぼる。

それと並行し、取材で聞いた話をオンライン講座に掲載しながら、似たような体験をもつ回答者のアンケートも集めていった。この結果、さらに綿密なデータ（数百回におよぶ電話、スカイプによる面談、そしてメールのやりとりに加えて、４０００ページを超える書面による調査の回答）ができあがった。

最終的に、集まった回答者は１５００人以上。そしてその全員が、次の６つのうち、少なくとも４つの基準に合致していた。

①情熱主導型モデル

趣味や、夢中になっているものを基にしてビジネスを生み出した（ただし、あとで詳しく述べるように、情熱だけでは大きな利益に結びつくとは限らない）。

②超・低コスト

起業資金が1000ドル（10万円）未満、特にごくわずかな費用で――100ドル（1万円）未満で――始めた例がほとんどだった。

③利益が少なくとも年間5万ドル（500万円）

少なくとも北アメリカの平均収入が稼げるビジネスが望ましい。本書を読むとわかる通り、利益にはかなり幅がある。10万ドル（1000万円）以上の高利益を稼ぎ出しているビジネスも多いが、基準は年収5万ドル（500万円）とした。

④特別なスキル不要

ごくふつうの人がビジネスを成功させた例を知るため、誰でもできるものばかり選択した。なかにはある種のスキルを必要とするものもあるが、それらは短期間の訓練か、自主的な学習で身につけられるものだ（たとえば歯科医になるのは簡単ではないが、コーヒー焙煎の技術は他の仕事をしながらでも覚えられる）。

⑤収支の完全公開

回答者はその年の予測利益と、少なくとも過去2年間の実際の利益を公開することに同意した。さらに、収支について具体的に話してほしい、という要求にも応じてくれた。

⑥従業員5人未満

ケーススタディの多くは完全に1人で経営しているビジネスだ。その他の場合も、ビジネスの規模を小さく、少人数に保っている例に注目した。

なお、違法行為はもちろん、アダルト産業や、いったい何の仕事なのかよくわからない不透明な事業は除外した。判定基準は、次の質問に答えられるかどうかだ。

「自分のやっていることを、おばあちゃんにわかるように、堂々と説明できますか？」

本書に登場するストーリーの半分はアメリカから、残りの半分は他の国々から選んだ。シリコンバレーからアトランタまで、アメリカは価値観においても、容易さにおいても、「起業家精神」の中心地だ。しかし本書を読めばわかる通り、世界中の人びとがマイクロビジネスを創造している。その中にはアメリカのモデルに倣《なら》ったものもあれば、独自のやり方をしているものもある。

ちなみに、ケーススタディの対象者にビジネススクールの卒業生はほとんどいなかったし、半数以上は過去にビジネスの経験がまったくない人たちだった。大学を中退した人も何人かいるし、そもそも大学に行っていない人もいる。

こうしたユニークで新しい成功者たちの共通項を洗い出す――つまり、古いルールを書き換え、新しいビジネスの真理を創造するのが、本書の目的だ。

集まったデータは、それだけで数冊の分厚い本を書けるほどだったが、本書ではもっとも重要な情報だけを抽出するように努めた。

◆マイクロビジネスがうまくいく「たった3つのルール」

浮かび上がってきたのは、1万円起業がうまくいく3つのルールだ。本書では、この3つのルールをさまざまな角度から取り上げることになる。

ルール①「共通部分」を探す

共通部分とは、あなたが好きなことや得意なこと（その両方を兼ね備えていればいちばんいい）と、他人の興味が重なる部分だ。

その他人の興味は、喜んでお金を払うほど強いものでなければならない。あなたが大好きなこと、得意なことが何でも人の興味を引くわけではないし、ビジネスにつながるわけでもないのだ。

この点を勘違いすると悲劇のもとでしかない。

だが、情熱やスキルと他人の興味が一致する2つの円の共通部分ならば、自由と価値に基づいたマイクロビジネスが誕生する余地がある。

ルール② スキルを転用する

本書に登場するプロジェクトの多くは、必ずしもそのためにもっともよく使われるスキルの持ち主ではなく、**関連した別のスキル**の持ち主が始めたものだ。

たとえば、すぐれた教師は勉強を教えるのがうまいだけではない。コミュニケーション全般、集団管理、長期計画の作成と実行、そして異なる利益団体（生徒、保護者、学校経営者、同僚教師）の関係の調整などにも長《た》けていることが多い。教師はそれ自体が尊い仕事だが、これらのスキルは別のビジネスを創造するうえでも役に立つ。

「スキルの転用」と言われてもピンとこないかもしれないが、こう言い換えればどうだろう。「自分が得意なことはたぶん1つだけではない」と。

ドイツ出身のキャット・アルダーはロンドンでウェイトレスとして働いていたとき、「君はきっとPRの仕事に向いているよ」と人に言われた。

キャットには何のことやらさっぱりわからなかった。「PR」が「広報」を意味するということさえ知らなかったのだ。でも彼女は、いつもメニューのなかからお客が気にいりそうなものを上手に勧めて喜ばせていたし、自分はチップをたくさん稼ぐ優秀なウェイトレスだ、という自信はあった。

イギリスの公共放送BBCで腰かけ仕事をしたあとで、キャットは以前言われたことを思い出した。見よう見まねで広告の仕事を始めると、1か月以内に最初のクライアントを獲得し、コツをつかんでいった。4年後、彼女の会社は従業員5人を雇い、ロンドン、ベルリン、ニューヨーク、中国で営業するまでになった。キャットはウェイトレスの持つ「対人能力」を、クライアントの宣伝に応用したのだ。

従来の常識は忘れよう。**マイクロ起業を成功させるには、必ずしも特定の分野の第一人者である必要はない**。アメリカの人気コミック『ディルバート』の作者スコット・アダムスは、自分が成功した要因を次のように見ている。

「僕の芸術的才能はないも同然、文章力は基礎レベル、ユーモアのセンスは月並みで、ビジネス経験はごくわずか。それでも漫画家として成功できた。

なぜかって考えてみたら、『ディルバート』シリーズは、この4つの能力全部を組み合わせたものなんだ。世の中には僕よりすぐれた芸術家や才能ある書き手、面白いことを考えるユーモア作家、経験豊富なビジネスマンは山ほどいる。めずらしいのは、その4つのささやかな能力が1人の人間に集まったことだ。価値ってものは、そうやって生まれるんじゃないかな」

あなたも自分が持っているすべてのスキルのうち、他人の役に立ちそうなものについて——特にそれらの能力の組み合わせについて——ちょっと考えてみるといい。

ルール③「魔法の薬」

最初の2つのルールをまとめると、マイクロビジネスを誕生させる、ごく当たり前の計算式が見えてくる。

情熱やスキル　＋　有用性　＝　成功

◆立ち上げに必要な「たった３つ」のこと

「ちょっと待って。ルール自体は難しくなさそうだけど、起業にはいろいろ必要なものがあるんでしょう？」

10年前ならそうだったかもしれない。でも1万円起業の時代にＭＢＡはいらないし（６万ドル（６００万円）の学費がもったいない）、ベンチャー・キャピタルも、詳細なプランすら必要ない。必要なのは、次の３つだけだ。

①　製品またはサービス＝あなたが売るもの
②　代金を払ってくれる人びと＝顧客
③　支払いを受ける手段＝製品またはサービスとお金を引き換える方法

たったこれだけ！

興味がある人はいるのに売るものがなければ、ビジネスは成り立たない。売るものがあっても、誰も買いそうになければ、ビジネスは成り立たない。どちらの場合も、こちらが提供するものに顧客が支払いをする簡単で信頼できる方法がなければ、やはりビジネスは成り立たない。

三拍子そろえば……おめでとう！　あなたは起業家だ。

ここまで読んでおわかりの通り、1万円起業は文字通り誰にでもできるものだ。本書ではすでに立ち上げた人の目を通して必要なポイントを学んでいくが、リラックスして楽しんでほしい（登場人物たちはみな、そうしていたのだから）。

まずは、気負わない「ビジネスの始め方」から見てみよう。

KEY POINTS

□マイクロビジネスは目新しいものではなく、商業が始まって以来ずっと存在した。変わったのは、市場テスト、立ち上げ、事業の拡大を短期間に安く実行できる環境だ

□ビジネスを始めるには、製品またはサービス、代金を支払う意欲のある人びと、そして支払いを受ける手段の3つが必要だ。その他のものはすべて、あってもなくてもかまわない

□1つ得意なことがあれば、たぶん他のことにも応用できるはずだ。多くのプロジェクトが、関連する別の分野への「スキルの転用」から始まっている

□最重要項目！――自分の情熱とスキルを、他人にとって有益なものと一致させよう

第2章　魚を与えよ！

幸せを箱に入れて売る方法

ビジネスを始めるいちばん難しいやり方は、自分の思いつきが顧客の心をつかめるかどうか心配し、迷いを抱えたまま進むことだろう。逆にもっとも簡単な方法は、人が何を望んでいるのかを先に突き止め、それを提供する手段を見つけることだ。

魚について考えてみればよくわかる。

こんな場面を思い浮かべてほしい。金曜の夜、あなたは1週間の仕事からようやく解放されて、おしゃれなレストランに向かう。ワイングラスを傾けながらくつろいでいると、ウェイターが来て、スペシャルメニューの説明をする。

「今夜はサーモンのリゾットがお勧めです」

よし、それにしよう。注文をメモしたウェイターがキッチンに下がると、ふたたびワインと会話を楽しむ――ここまでは順調だ。

ところがシェフが登場し、テーブルに歩み寄ってきてこう尋ねる。

「お客様はサーモンリゾットをご注文でしたね？」

その通りだとうなずくあなたに、困り顔のシェフが続ける。

「あの、リゾットは少々つくるのが難しくて、それにサーモンをちゃんと下ごしらえするのも大切なんです……リゾットをつくったことはありますか？」

返事もできないうちに、くるりと背を向けるシェフ。

「それじゃ、私は先に行ってオリーブオイルを温めておきますから……手を洗ってキッチンに来てください」

あなたは当然こんなおかしな経験をしたことはないだろうし、もしあったとしたら、きっといい気分はしないだろう。

レストランでの食事は、家で同じものをつくるのに比べてはるかに値が張る。雰囲気やサービスに多大な割増金を払っているからだ。サーモンリゾットを自分で料理したければ、そうすればいい。レストランに来たのは、新しい料理を習うためではなく、もてなしてもらってくつろぐためだ。

なぜこんな話を持ち出したと思うだろうか?

実をいうと、うまくいかないビジネスの多くは、このシェフのようなことをしているのだ。つまり、**顧客に完全なサービスを提供するかわりに、顧客にも舞台裏を見せ、作業もしてもらったほうがいいだろうと考えてしまっている**。なぜなら、それが顧客の望みだと思い込んでいるからだ。

よく知られたことわざに、「人に魚を捕ってやれば、その人は一日生きられる。魚の捕り方を教えれば、その人は一生生きられる」というものがあるが、これがすべての元凶だろう。

腹をすかせた漁師が相手なら、このことわざは正解だ。しかしビジネスにおいては、これではうまくいかない。ほとんどの顧客は、魚の捕り方を習いたいとは思っていない。1週間休みなく働いたあとでレストランに行くのは、何もかもやってもらいたいからだ。キッチンで起きていることを詳しく知る必要はない。

それよりも、人びとが本当に欲しがっているものを与えたほうがいい。ごく当たり前のことだがなかなか実行できないこのルールを、無意識のうちにうまく実行したビジネスの実例を紹介しよう。

◇「ちょっとした頼まれごと」もビジネスの種

ジョン・ヴァリアンと妻のバーバラが暮らすカリフォルニア州パークフィールドは、訪れる人を「人口18人」と書かれた看板が迎える小さな町だ。夫妻はその町の大牧場で暮らしながら、15年間家具の製造を続けてきた。

あるとき、熱心な乗馬愛好家のグループがやってきて、「お金を払うから牧場で馬に乗らせてもらえませんか」と頼まれた。「食事もさせてもらえればありがたいんですけど、それも大丈夫ですか？」

大歓迎ですよと2人は答え、グループは望み通りの体験をして大喜びで帰っていった。

その後も変わりなく過ごしていた2人だったが、2006年の秋、厄災が降りかかる。大火事で家具の在庫をすべて焼失してしまったのだ。家具製造業を立て直すかわりに、2人は方向転換することにした。あのときの乗馬グループと同じ願望を持つ人たちは他にもいないだろうか……。

「私たちはずっと馬が大好きでした。だから、牧場に来る人たちを呼び込んで仕事にできたらどんなにいいだろうって考えたのです」

バーバラはこう振り返る。宿泊施設を建て、他の設備も改装し、乗馬グループのために食事などをすべて含んだプランをつくった。こうしてジョンとバーバラはロサンゼルスとサンフランシスコのちょうど中間に、2万エーカー（約81平方キロメートル）の広さを持つ「V6牧場」をスタートさせた。

バーバラの話は、彼女が語ったあることが理由で強く印象に残っている。私はいつもビジネスオーナーに、「何を売っているのですか」「顧客はなぜあなたから買うのでしょうか」と質問する。多くの人は、この質問に対して直接的に答える。「私たちが売るのはこれこれこういう製品で、人びとはその製品がこういうとき必要だから買うんです」と。しかしときには、バーバラのようにもっと鋭い答えを返す人もいる。

「私たちはただ乗馬体験を売っているわけではありません。**自由を提供しているの**です。来てくれた人がほんの束《つか》の間でも日常を離れて、思ってもみなかったような人間になるお手伝いをしているんです」

この違いは決定的だ。V6牧場を訪れるお客のほとんどは、仕事があり、休暇は限られている。太陽の光がさんさんと降り注ぐビーチでのんびりするかわりに、小さな町の牧場で過ごすことを選ぶのはなぜだろうか。その答えをバーバラは教えてくれたのだ。

顧客がそこを訪れるだけで「日常を離れて、別人になれる」のは、乗馬体験を提供するよりもずっと価値がある。V6牧場は、幸せを箱に入れて売っているのだ。

◆その「事務仕事」を一生続けていいの？

次に、エリートコースに疑問を抱いたケリー・ニューサムの例を見てみよう。成績優秀な彼女は、名門ヴァージニア大学のロースクールに入学したときから、将来高い地位を手に入れたいと考えていた。学年トップで卒業すると、マンハッタンで企業弁護士になった――6年以上前からの夢をかなえ、高給取りになったわけだ。

だが、ほどなくして彼女は気づいた。企業の有価証券報告書が証券法を順守しているかどうか、来る日も来る日も黙々とチェックする仕事は、ロースクール時代の希望とはちょっと違う。夢の仕事を手に入れた高揚感が薄れ、「高給取りの事務員」としての現実が身にしみてくると、ケリーは変化を望むようになった。

年収24万ドル（2400万円）の生活を5年間で捨てて、彼女は国際人権団体ヒューマン・ライツ・ウォッチに新しいポストを得た。今度の仕事は儲け主義の前職より充実感があったが、まだ満足できない。やっと彼女は自覚した――自分が求めているのは、理想の勤め先を探すことではなく、自立することだ。

次のステップに進む前にケリーは休暇を取り、その後の人生を変える思い切った体験をする。その1つは、余暇に取り組んできたヨガの200時間の集中コースを受講したこと。そしてもう1つは、アジアやヨーロッパを旅行しながら、行く先々で出会った人たちにヨガを教えたことだ。

この体験で自信を得たケリーは、アメリカに戻ったあと、ついに念願をかなえた。ワシントンD.C.でヨガの個人レッスン教室「ハイヤーグラウンド・ヨガ」を設立したのだ。ワシントンにヨガ・スタジオはいくつもあるが、ケリーは**ある特定の客層**に狙いを定めた。それは30歳から45歳くらいまでの多忙な女性たちで、たいてい管理職の地位にあり、まだ小さい子どもがいるか、妊娠している場合が多かった。

1年たらずのうちに、ケリーのヨガ教室は5万ドル（500万円）を超えるビジネスに成長し、現在では年に8万5000ドル（850万円）を超えようとしている。

このビジネスには弱点もある。東海岸の「ドカ雪」の時期には、車でレッスンに行くことが3週間近くできなくなり、そのあいだ収入がなくなってしまうのだ。それでも、ケリーは元の仕事に戻るつもりはない。

「弁護士時代、一流のマッサージ・セラピストと一緒に仕事をしたとき、私は彼女にこう言ったんです。『仕事で誰かを幸せにできるなんて、きっとすばらしい気分でしょうね』。やってみたら本当にそうだったわ」

V6牧場のバーバラとジョンのように、新しい仕事をつくり出す秘訣《ひけつ》は、人びとがかなえたいと願う希望を見つけ、それを満たすことにあるとケリーは気づいたのだ。

アイデアはどこから生まれるか？

起業家の気持ちになって考えはじめると、ビジネスのアイデアはどこにでも転がっていることに気づくだろう。買い物に行ったら、どんなふうに看板が出ているか注意してみるといい。レストランでは、自分の懐《ふところ》と相談しながらメニューを見るだけでなく、他の店と値段を比較してみる。広告を見るときは、その会社がいちばん伝えたいメッセージは何かを考える——。

特に、次のような日常の場面に注目してみよう。

買い物で感じた「不便」

店の使い勝手が悪いと感じたり、売っていないものを探しまわったりした経験はないだろうか。不満を抱いている人はおそらく他にもいるし、市場にないものをほしがっているのはあなただけではないだろう。買いたいものは自分でつくろう。そうすればたぶん、他の人もそれをほしがるはずだ。

新しい技術が生み出す意外な需要

スマートフォンが一般に普及すると、アプリ開発者やスマホケースの製造者にとって新しい市場が急速に拡大した。しかし、あるできごとから派生する結果は、1つだけではない。品質のいい日記帳や紙のノートの売上もまた上昇した。おそらく、生活のすべてをハイテク化したいと思わない消費者の存在が原因だろう。

空きスペース

第1章に登場したマイケルを思い出してほしい。自動車ディーラーの店舗だったところにマットレス店を開こうというアイデアは誰でも思いつくものではないが、マイケルはチャンスを見過ごさなかった。空き場所を探そうとする視野が広かったからだ。

◆「価値」の本当の意味

ここで、プロローグで触れた「価値」という言葉についてよく考えてみよう。私たちは深く意味を考えずにこの言葉を頻繁《ひんぱん》に使っているが、一体全体、価値とは何なのだろうか。基本的な定義はこうだ。

価値＝交換や努力によって生じる、望ましく役に立つものこと

さらにシンプルに考えることもできる。つまり、価値とは、**「人びとの役に立つこと」**だ。

マイクロビジネスを立ち上げたいと考え、誰かの役に立とうと努力しはじめるなら、あなたが進んでいる方向は正しい。つまずいたときは、自分に問いただしてみよう。

「どうすればもっと価値を提供できるだろうか？」

あるいはもっと簡単に、

「どうすればもっと人の役に立てるだろうか？」

大切なのは、「価値」は消費者が感じる**「感情的な必要性」**に結びついているということだ。売り手はよく、「私たちの商品の特徴は……」と語るが、客が受け取る**ベネフィット**について語るほうがはるかに説得力がある。

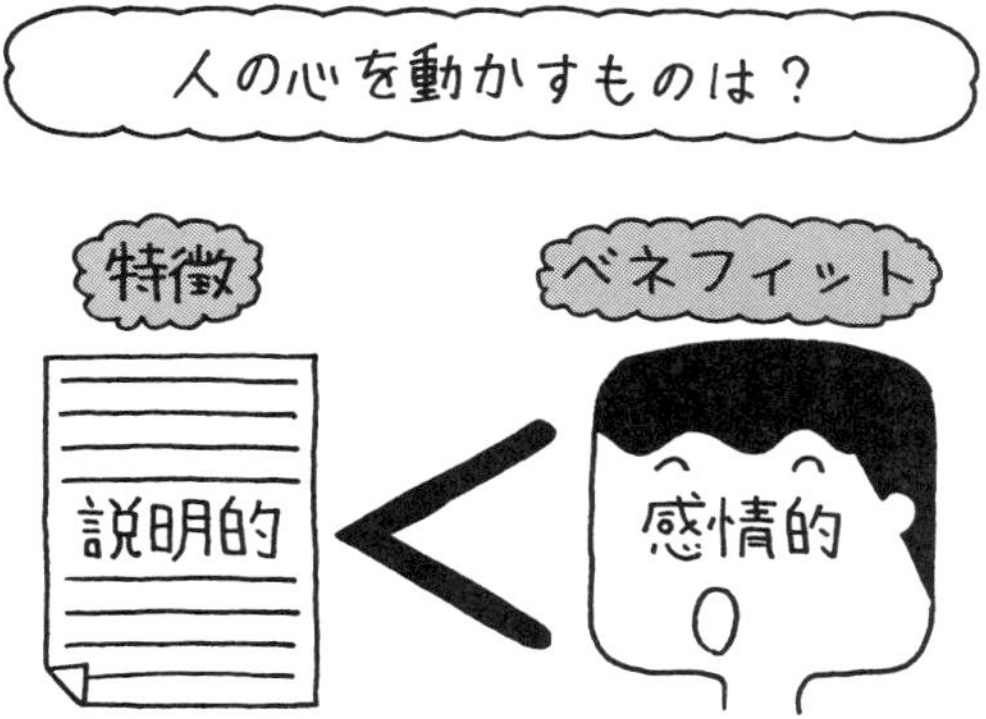

特徴は説明的だが、ベネフィットは感情的だ。これまでに見てきたストーリーを例に、その違いを考えてみよう。

Ｖ６牧場は、人びとが「日常を離れて、別人になる」手助けをしている。それは単に乗馬体験を提供するよりもずっと魅力的だ。

ケリーの個人レッスンは、多忙な女性管理職が落ち着いた環境で英気を養うのを助けている。それは、ジムで他の何百人もの人間と一緒に過ごすよりもはるかに有意義な、自分のためだけの時間の過ごし方だ。

こうした分析は、単調そうに思えるビジネスや、日用品を扱うビジネスにも当てはまる。

マットレス店のマイケルは、次のような話をお客にするそうだ。

「うちに長く通ってくれるお客様もいるんです。小さな幼児を連れて買いに来てくれた家族が、2年後にまた来てくれて、3歳になったその子のマットレスを買い替えてくれる。これほどうれしいことはないですよ」

こんな温かいストーリーは、ボックススプリングやマットレスの等級について話すよりもはるかに興味をそそられる。

◇どこでもベネフィットをつくり出す3つの戦略

一般に、無味乾燥な特徴よりもベネフィットを強調するほうが、たくさんの顧客が集まり……商品を購入してくれるだろう。人にベネフィットを与えるためには、次の3つの戦略が役に立つはずだ。

戦略①「隠れた本音」を掘り起こせ

レストランのお客がキッチンへ行って料理を手伝いたいわけがない。そうあなたは考えただろう。しかし、**人がほしいと言うものと、実際にほしがっているものは、たまに違う**場合がある。

チリのサンチャゴに住み、世界中を回って結婚式の写真を撮るウェディングカメラマンのカイル・ヘップは、お客の希望を裏の裏まで見通している。彼女の写真は斬新で（ときには奇抜で）、伝統にまったくとらわれていない。だからクライアントはたいてい若く、ありきたりのものは望んでいないことが多い。

「古臭いやり方はまっぴら！　定番の写真は一切撮らないで」と言われることさえある。そんなときカイルは注文に応じてユニークなスナップ写真を撮りつつも、それだけでは終わりにしない。

仕事を長く続けていて、悟ったことがあるからだ。それは、クライアントが口にする希望と、実際の希望は違っている場合があるということ。そして新郎新婦の家族には家族なりの希望があるということだった。

「結婚式の日、私は新郎新婦をつかまえて、『ご家族と一緒に定番の集合写真を2、3枚だけ撮りましょう』と言います。手早く、窮屈な思いをさせずに撮るから、と。

みんなが一斉にカメラをにらんでこわばった顔をしているひどい写真は絶対に撮りません。

後日写真を郵送すると、新郎新婦のご両親は家族写真を見てとても喜んでくれます（結果的に新郎新婦も喜びます）。新郎新婦自身も、家族写真を撮ってよかったと最後には言ってくれます」

カイルは、クライアント自身も気づいていない本当の希望をかなえることで、大きなベネフィットを与えている。

戦略② 顧客をヒーローにしよう

インドで私はプルナ・ドゥギララの話を聞いた。プルナは、「エクセルの達人になる」トレーニングをビジネスにしている。私は表計算ソフトにはあまり興味がなかったが、プルナの財政状態には関心を引かれた。

調査書の「昨年度の純利益」欄に、プルナは13万6000ドル（1360万円）と記入していたのだ。アメリカでさえこれは相当な金額だが、これまでに旅した経験から考えて、インドでは途方もない収入といえるだろう。しかも次の年（起業して3年目に当たる）は、20万ドル（2000万円）を超える見込みだという。

プルナの顧客は彼の熱烈なファンだ。グーグルで検索すると、トレーニングの利用者の1人が、「エクセルの大恩人」とコメントしていた。さて、彼はいったい何をしているのだろうか。

プルナは数年前に自分のウェブサイトを始めたが、最初は家族や日々の生活について書き込んでいるだけだった。2009年になると本腰を入れ、エクセルを使って仕事の能率を上げるコツや使い方をウェブサイトで教えはじめた。

重要なのは、プルナがインド人だけでなく、世界中の見込み客を対象にしたことだ。また、彼はアフィリエイト（広告収入）をあてにしなかった。そのかわり、製品とサービスを自分でつくり出し、ダウンロード可能なガイドと継続的なトレーニングを提供した。

優秀なコピーライターでもある。スプレッドシートに数値を入力するのはひどく退屈な仕事と思われがちだが、顧客が得られるコア・ベネフィットは単なる数値ではなく、もっと力強いものだと彼は強調する。

「私のトレーニング・プログラムの利用者は、上司や同僚の前でヒーローになれます」

作業が楽になるばかりでなく、複雑な業務を単純化したことで周囲から認められ、評価されるはずだと。

ビジネスアナリストだったプルナは、この新しいビジネスでより多くの収入が得られるとはっきりした時点でもとの仕事を辞めた。スプレッドシートがこんなにも魅力的になるのだから、他のどんなビジネスでも同じことができるはずだ。プルナはそう伝えている。

戦略③　人が買うものを売ろう

売るものを決めるにあたってもっともいい方法は、**人が買うものを売る**ことだ。言い換えると、これは必要だろうとあなたが簡単に考えるものを、人は必要としていない。もっと頭を絞って、人が本当にほしがるものを考えるべきだ。

失敗から学んで成功につなげた私自身の経験が、この原則をよく表している。ビジネスを始めたばかりの頃、私は「トラベル・ニンジャ」というプロジェクトをつくった。私には150か国以上を旅した経験があり、毎年およそ30万キロメートルを超える距離を飛行機で飛んでいた。

だからある場所から別の場所へ低予算で移動する方法はいろいろと知っていた。「トラベル・ニンジャ」では、世界一周航空券の買い方や、航空会社の手違いによる超格安運賃の利用法など、安く旅行できる仕組みを網羅するつもりでいた。

試しに自分のウェブサイトの読者を相手に反応を確かめてみた。興味がある、詳しく知りたい……。ふむ、これは期待できそうだ。

以前別の製品では、発売してすぐに５００部が売れた。今回はもっと期待できる――いよいよ発売という日、私は早起きしてサイトをアップデートして待った……ひたすら待った。注文は入ってきたが、期待したよりもはるかに遅いペースだった。発売日にはたった１００部しか売れなかった。散々というほどではないが、好調とはとてもいえない。

なぜ売れないのか。私は何週間も考えこんだ。「トラベル・ニンジャ」を買った顧客からは、ほとんど全員から好意的な感想が返ってきている。しかしこれほど売れないところを見ると、メッセージがどこか間違っているのだろう。

ついに、あることに思い当った。ほとんどの人にとっては、航空会社の複雑な内情などどうでもいいのだ。ただ格安チケットを手に入れる方法がわかりさえすればいい。「トラベル・ニンジャ」の情報は細かくて複雑すぎ、顧客の買う気が失せたのだろう。この章の最初に登場したシェフのように、私は顧客の望む食事を出す代わりに、キッチンに引っぱり込もうとしていたのだ！

なるほど。この教訓を生かして、1年後に私はまた新しい旅行関連商品をつくった。新商品には「フリークエント・フライヤー・マスター」と名づけ、とにかく使い勝手をよくするように心がけた。以前の失敗を宣伝文句に利用しさえした。

「私と違って1年に20か国も旅行する気はない、ですって？　それなら1つの国にタダ同然で行けるとしたらどうですか？」

この結果、前回よりはるかに売れ行きがよく、発売日に500部売れて、翌年には5万ドル（500万円）を超える純利益を生んだ。私はほっと胸をなでおろした。なぜならほとんど1年近く、旅行に関する情報は売れるのだろうかと気をもんでいたからだ。ありがたいことに、それは売れる——顧客の要求をかなえる形で適切につくられていれば。

また1年後、私はさらなる見直しに取り組んだ。「フリークエント・フライヤー・

マスター」の愛用者から寄せられる要望でいちばん多いのは、最新の旅行情報をもっと更新してほしいというものだった。そこで私は世界中のお買い得チケットを利用する方法をまとめた新商品「トラベル・ハッキング・カルテル」をつくった。慎重に考えた今度のメッセージはこうだった。

「細かいことは一切いりません。手順に従うだけで、無料の航空券で毎年定期的にマイルがたっぷりたまります」

今度の売上は今までで最高だった。３０００人以上が初日に注文したのだ。私はようやく、顧客が望んでいるものを提供するにはどうすればいいかがわかった。

人びとが**本当に、本当に**望んでいるものは何だろう？　人は１日の終わりに幸せな気分でいたいと願っている。そして、誰かが幸せを感じる手助けをするビジネスは、成功と隣り合わせだ。

◇「ニーズ」の簡単な見つけ方

私が昔の失敗で懲《こ》りたように、ビジネスでは、顧客が本当にほしがっているもの

に狙いを定めることが大切だ。この章の最後に、その簡単な見つけ方を付け加えておこう。

シンプルにいうと、**私たちはみな、あるものをより多く増やしたいと願い、あるものはより少なく減らしたいと願っている。**

それぞれをリストアップしてみよう。

「増やしたいもの」には、愛やお金、自由や時間、人から認められることなどがある。誰でも、そういうものはもっとたくさんほしいと思う。これは普遍的な真理だ。

「減らしたいもの」には、望ましくないものが入る。ストレスや長時間の通勤、うまくいかない人間関係などがそうだ。これも普遍的な真理だ。

あなたのビジネスが、人のほしがるものをより多く提供するか、ほしくないものを取り除くこと（あるいはその両方）を目標にしているなら、そのやり方は間違っていない。

KEY POINTS

□価値とは「人を助ける」こと。予期せぬ起業家たちが、価値の提供を何よりも重視したとき、ビジネスが成立した

□あなたが人に与えたいと思うものではなく、人が本当にほしがるものを提供しよう。魚を与えよう!

□特徴の羅列ではなく、コア・ベネフィットを売り込むこと。それは、たいてい物質的なニーズよりも感情的なニーズに結びついている

□ほとんどの人は、あるもの(お金、愛情、時間など)をより多く、あるもの(ストレス、不安、争いなど)をより少なくしたいと願っている。誰かの生活をよりよくするために、何を与え、何を取り除けるかを常に考えよう

第3章　情熱だけでは成功しない

あなたのしたいことを他人がほしがるものにリンクさせよう

現代ビジネスマンの例にもれず、ゲイリー・レフの1日もメールのチェックで始まる。大学の研究センターで最高財務責任者を務める彼の仕事は、朝から晩までメールで連絡を取り合うこと、といってもいい。

だが、ゲイリーにとって重要なのは本業のメールではなく、副業として手がける「特殊なコンサルティング」にかかわるメールだ。

ゲイリーは現役の「トラベル・ハッカー」で、毎年たくさんの航空会社から何十万マイルものマイレージを獲得している。その使い方を多忙な会社役員たちに教えて、ひと財産つくる方法を教えてもらうとしよう。

会社役員はたいてい、仕事で使うクレジットカードのチャージで大量のマイルを稼いでいる。

だが、マイルを貯めることと、それを実際の休暇で使うことは別物だ。彼らはマイレージの仕組みについてまったく知らないし、学ぶ時間もない。

ヨーロッパ旅行にはマイルがどれくらい必要か、航空会社に満席だと言われたらどうすればいいか。何もわからないのだから、欲求不満が募《つの》ってすぐに投げ出したくなるだろう。

ここでゲイリーの出番。手数料250ドル（2万5000円）と引き換えに、顧客の好みに合わせて理想の旅行計画を立ててくれるのだ。あなたは、行きたい場所とマイルをためている航空会社、旅行の日程に関する希望を伝えるだけでいい。あとはゲイリーがデータベースを照合して空席を調べ、航空会社に電話し、あらゆる抜け穴を最大限に活用してくれる。

自分でやればタダでできることに250ドルも払うのはばかばかしいと思うかもしれないが、このサービスでゲイリーが提供している価値は計り知れない。彼が手配する旅行の多くは、ふつうなら5000ドル（50万円）を超える費用がかかる。利用するのはファーストクラスかビジネスクラス。ときにはたった1枚の特典航空券で６つの航空会社を使う場合もある。

ヨハネスブルグに行く途中、パリに無料でストップオーバーしたい？　問題ありません。

フランクフルトでシンガポール行きに乗り継ぐ前に、ルフトハンザ航空のファーストクラス・ラウンジでゆっくり過ごしたい？　了解！

もしゲイリーが予約に失敗したら、手数料は払わなくていい。ビジネスは、依頼人に真の価値を提供できてはじめて成功したといえるのだ。

会社役員の他にも、船旅に出かける定年後のシニアや、一生に一度の大旅行を計画している夫婦など、さまざまなクライアントがいる。旅行雑誌に取り上げられてから依頼は急増し、この「パートタイムの仕事」だけで、年間７万５０００ドル（７５０万円）もの収入を上げたという。

「僕がこの仕事をするのは面白いからなんです」

そう語るゲイリーは、自分のアカウントにたまったマイルを利用して、財務企画会議の合間を見計らい、妻とともに世界各地を旅している。

◆今日からできるコンサルタントビジネス

本書で紹介する他の多くの例と同様に、ゲイリーのビジネスは「情熱主導型」のビジネスだ。旅行が大好きで、ファーストクラスの世界旅行をエコノミークラスの料金で楽しむ独創的な方法をいくつも発見した。

次に、他の人にも同じことができるように手を貸しはじめた。最初はインターネットコミュニティの旅行フォーラムでボランティアとして。次にブログで。そして、個人的に知人の依頼を引き受けるようになると、瞬《また》く間に口コミで評判になった。「妻をヨーロッパに連れて行きたいんだ。マイルがこれくらいあるんだけど……どうすればいいかな？」

こうした依頼を処理しきれないほど抱え込むようになれば、料金を取ってみようかという気にもなるものだ。聞いたこともないサービスにお金を払う人がいるだろうかと思いつつも、ゲイリーはごく基本的な機能だけ備えたウェブサイトを立ち上げ、手早くショップを開いた。結果は先に述べた通り、というわけだ。

ゲイリーのストーリーはおおいに励みになるが、それほど珍しい例ではない。シングルマザーがパートタイムで割引クーポンのまとめサイトを運営して６万ドル（６００万円）の収入を得ているとか、手づくりおもちゃを売るだけで25万ドル（２５００万円）に迫る収入を上げ、大勢の従業員を雇っていると聞いて、私はもう驚くのをやめた。

ゲイリーのウェブサイトはまるで10年前につくられたもののように古臭い見た目だが、誰も気にしない。また、彼はこのビジネスを始めるとき、誰かから資格や保証をもらおうとは思わなかった。「コンサルティング・スクール」やコンサルタントの学位のようなものはない。

コンサルタントとして新しいビジネスを始めたければ、１日でできる。次にあげるのが、その基本ルールだ。

①　包括的な内容ではなく、特定の問題に的を絞ろう。「ビジネスコンサルタント」や「ライフコーチ」になろうとしてはいけない。

② 1時間15ドル（1500円）のコンサルタントを信用する人はいない。値段を低く設定しすぎないこと。副業なら毎週40時間割くのは無理だろうから、あなたがその仕事にかける1時間に対して100ドル（1万円）を目安に、それに相当する定額料金を請求しよう。

誰でもコンサルタントになれるテンプレート

基本ルールを満たしている人は、さらに次の空欄を埋めてみよう。このたった2ページに、コンサルタント業に必要な事柄が完備されている。

私はクライアントが＿＿＿＿＿するのを手伝います。私のサービスにより、クライアントは［コア・ベネフィット＋二次的ベネフィット］を受け取ります。

私は1時間＿＿＿＿＿円、あるいは1件の依頼につき＿＿＿＿＿円の定額料金を請求します。この料金は依頼人と私の双方にとって公正なものです。

私のウェブサイトは次の内容を含みます。

a　私がクライアントに提供するコア・ベネフィットと、それを提供するために私がどんな資格を持っているか（＊ここでいう資格とは、学歴や証明書とは何の関係もない点に注意しよう。ゲイリーがマイル旅行の手配をする資格があるのは、自分のために何度もやったことがあるからだ）。

b　このサービスが誰かの役に立った例を少なくとも2件（＊まだ料金を払ってくれるクライアントがいなければ、知り合いに無料でサービスを提供しよう）。

c　料金の内訳（＊常に明確に示すこと。依頼を考えている人から、メールや電話で料金の問い合わせが来るようではいけない）。

d　すぐさま私に依頼するにはどうすればいいか（＊依頼方法は簡単でなければいけない）。

◇「コワーキング」のメリット

ミーガン・ハントへの取材は、彼女が運営しているコワーキングスペースで行なった。「コワーキング」とは、事務所、会議室、打ち合わせスペースなどを共有しながら、それぞれが独立した仕事をする共働ワークスタイルだ。夕方の6時だったが、彼女にとってはそれからがビジネスアワー。昼間は子どもの面倒を見て、夜中に仕事をするのがいつものスタイルなのだ。

本書に登場する大半の人物と違い、ミーガンは若い頃から起業家になると決めていた。

「準備を始めたのは19歳のときで、大学2年生でした。人に雇われるなんて考えてみたこともありません。あ、正確には、9時から5時までのデスクワークに就いたことが一度だけありますが、起業してフルタイムで働けるようになるまでの資金稼ぎと割り切っていました」

ミーガンは今、手づくりのウェディングドレスとブライダルアクセサリーをつくって販売している。顧客は世界中の24歳から30歳までの女性だ（彼女の顧客の42パーセントはアメリカ国外に住んでいる）。最初の年に4万ドル（400万円）を稼いだあと、従業員を2人雇って事業を拡大し、コワーキングスペースをつくってビジネスの拠点とした（ミーガンは所有者なので、彼女の夜なべ仕事に誰も文句をつけられない）。

本書に登場するオーナーのほとんど全員が、予想外のトラブルで苦労したり、ビジネスの存続そのものが危うくなったりした局面を経験している。

ミーガンの場合、それは2010年のクリスマスシーズン直後にやってきた。70時間かけて高級な手づくりブーケのキットを製作し、郵便局から発送した……ところが、品物がどこかに消えてしまったのだ。

「本当にひどい経験でした。私はお金を工面して返金しなければなりませんでしたし、結婚式にブーケがない花嫁さんのことを思うとつらくてたまりませんでした」

しかし彼女はすべきことをした――**返金し、涙ながらに謝罪の手紙を書き、他の人の参考になるようにその出来事をブログに包み隠さず書き――そして仕事を続けたのだ。**

二度と郵便は使うまいと心に誓ったのはさておき、ミーガンは自分の仕事を愛していて、他のことをしたいとは思わない。

「コワーキングスペースで、毎日やる気や刺激を与えてくれる人たちから学んでいます。そして、ラブストーリーの真っただ中にいるお客様と毎日接しています。小さな娘を仕事場に連れてくることもできます。稼ごうと思えばいくらでも稼げるし、入ってくるお金は全部、自分の幸せのために自由に使えます」

◆「好きを仕事に」の落とし穴

何もかも実に簡単に聞こえる。

ゲイリーやミーガンがそうしたように、自分が好きなことを選んで、それをもとにビジネスを立ち上げれば、ジャジャーン、一丁あがり！

でも、本当にそんなに簡単なものなのだろうか。

誰もが思う通り、ことはそれほど単純ではない。情熱をもとにビジネスを立ち上げるのは多くの人にとって最善の方法だが、それがうまくいかない人もいる。あまり語られない負の部分に目を向けてみよう。

注意点その１。**どんな情熱でも追いかければいいというものではない。**

あなたが情熱を注いでいたとしても、誰もそれにお金を払う気にはならないものはいくらでもある。そう、「共通部分のルール」だ。

私はピザが大好きだが、どれほど情熱的であっても、マッシュルームとオリーブへの愛が仕事につながるとはとても思えない。残念だが私は世間がもっと関心を持ってくれるものを探す必要があった。

情熱を注ぐあまり、スタートでつまずくこともある。

ネバダ州に住むミニョン・フォガーティは、英文法の解説をするポッドキャスト番組「グラマーガール（文法少女）」で一躍有名になった。番組は放送開始直後から大ヒットし、関連する書籍や番組が次々に生まれ、常にメディアの関心を集めている。しかし「グラマーガール」を始める前に、同じようなアイデアで、同じようにつくった番組でミニョンは大失敗をしているのだ。

いったい何が悪かったのだろう。

「私は最初、『アブソリュートサイエンス（絶対！　科学）』という科学番組のポッドキャストで司会者をしていました。楽しかったし、心底打ち込んでいました。ええ、あの番組の売り込みには『グラマーガール』よりもはるかに力を入れていたんです。好意的に受け取られましたが、1年近く続けてみて、制作にかかる時間に見合う収入が得られないことがはっきりしました」

ミニョンは方針を変え、科学から文法にテーマを移すことにした。この選択は、自分の情熱を完全に放棄したものではなく、**適度な情熱を適切なオーディエンスに結びつけるものだった。**

次のページの図を見れば、2つの番組の勝敗はつくべくしてついた、とあなたも納得するだろう。ただ、自分がビジネスに取り組むときは、夢中になるあまりこの単純な計算すら抜け落ちてしまうことが多い。

情熱主導型ビジネスを成功させられなかったオーナーたちに欠けているものは、「ふつうは趣味そのもので収入を得ることはできない」という視点だ。**誰かがその趣味を追求する手伝いをするか、趣味に間接的に結びつくものに対してなら収入が得られる。**この違いは重要だ。

注意点その2は、**趣味と仕事を結びつけるのが本当に望ましいかどうか**という点

だ。

趣味や情熱が、毎日の仕事や責任から来るストレス解消のために大切なものだとしたら、趣味に対して常に責任を負う立場になりたいと本当に思うだろうか。

情熱の対象と仕事は分けておきたいと思う人もいる。

ベンジャミン・フランクリンは政治家として活躍しただけでなく、もともとは印刷業で身を起こし、アメリカではじめてタブロイド紙を発行した起業家でもある。

さらに、アメリカ初の公共図書館を設置したり、避雷針やロッキングチェアーを発明したりと万能の活躍をした。

この起業家の大先輩による実に意外な言葉を噛み締めておこう。

「情熱が君を動かすなら、理性に手綱《たづな》を握らせておけ」

予期せぬ起業家たちに情熱主導型のビジネスモデルについて聞いてみれば、多くの場合微妙な含みのある返事が返ってくる。

「いつでも情熱の導きに従うべきだよ！」と答える人は**ほとんどいない**のだ。

同様に、その考えを即座に否定する人もいない。

答えが微妙になる理由は、情熱に加えてあるものがあってはじめて、実際に利益を生むビジネスになるからだ。

◇情熱は「ときには役立つ」くらいに心得ておく

情熱に加えて必要なものとは、他人の問題解決につながるスキルだ。それが何を意味するか、次に掲げた表で確認してみよう。

	ゲイリー	ミーガン	ミニョン
情熱	外国旅行	美しいドレスとブライダルアクセサリーづくり	ポッドキャストの番組づくり
問題解決スキル	価値の高い特典航空券を予約する	注文に応じた手づくりと、長期にわたる関係の構築	英文法の「ルール」を楽しく教える
お客が抱える問題	仕組みの透明性の欠如、予想される手間	花嫁がほしがる特別な手づくり品が見つからない	英文法の学習は難しくて退屈だという考え
ビジネスチャンス	時間と知識のないクライアントに代わって特典航空券を予約する	一生に一度の（願わくは）思い出を演出する	視聴者に物語や例を使って教える

図式化すれば、次のようになる。

（情熱＋スキル）×（問題＋市場）＝ビジネスの機会

情熱は重要だが、この**数式の一部でしかないことに注目してほしい**。特典航空券を予約するゲイリーのスキルが突然消えてしまったら、彼がどれほど旅行に対して情熱的であろうと意味がない。ミーガンがいくらドレスに情熱を傾けようと、それらを買いたいと願う人の市場がなければ、ビジネスは成り立たない。

この章に登場した人たちは、自分のアイデアをお金に変えるために少しずつ異なるビジネスモデルを用いていたことにも注目しておこう。

- **ゲイリー：**専門的なコンサルティング・サービスに対して定額料金250ドル（2万5000円）を受け取っている

- **ミーガン：**具体的な品物（手づくりのドレスとブライダルアクセサリー）を販売しているが、料金は製品によって異なる
- **ミニョン：**広告収入やスポンサーからの資金提供を受けて、視聴者に無料で人気のポッドキャスト番組を届ける

それぞれのモデルには、特有の強みと欠点がある。ゲイリーは一度に250ドル手に入る……どんなにややこしい手配をしても、それ以上は受け取れない。

ミーガンはいろいろな製品を売っている（しかもコワーキングスペースを所有している）ため、収入はまちまち……しかもウェディングドレスをつくるという主要な仕事は労働集約型だ。

ミニョンのスポンサーは安定した定期的な収入をもたらす……しかし、番組中に視聴者向けの宣伝を入れる義務が生じるので、ある程度自由が制限される。

こうした形態の違いを意識し、自分が提供する商品もしくはサービスに合ったビジネスモデルを考えてみよう。

KEY POINTS

□すぐれたビジネスは、「たまったマイルをどうしよう？」といった他人の問題に回答を与えるものだ

□情熱主導型ビジネスの多くは、趣味や情熱そのものではなく、間接的に関係があるもので成り立っている

□すべての情熱や趣味が必ずしもビジネスに向いているとは限らないし、趣味や情熱を基にしたビジネスを誰もが望んでいるわけでもない

□専門的なコンサルティング・ビジネスは１日でつくれる。内容はできるだけ具体的に

第４章　ノマド起業の真実

場所にとらわれない働き方をしたい？　本当に？

機内持ち込み手荷物にランニングシューズと２日分の着替えを詰め込んで、私はポートランドから世界へ踏み出す。バンクーバー国際空港での短い乗り継ぎを経て、香港まで12時間のフライトだ。

到着すると、入国審査をさっさと通り抜け（受け取る手荷物がなかった）、最後にここに来たときの現地通貨をまだ持っているかどうか財布を確かめ、市内へ向かう電車に飛び乗る前に、空港ロビーのイスに体を落ち着けた。ノートパソコンを開く。「ＨＫＧフリーＷｉＦｉ」に接続すれば、シューッと音をたてそうな勢いで、私が機上で書いたメールはすべて送信され、夜のあいだに届いた１５０件を超えるメールが受信された。

デザイナーのリースに連絡。カスタマーサポートへの問い合わせをチェック――ふむふむ、サイトがダウンしている、ログインできない――これらに返信し、顧客向けに手短に情報を更新。

最後に、アップしたブログ投稿に対する読者コメントを読み、毎日のメール登録者のリストを確認。このリストは、私が頻繁にチェックする唯一の指標だ（新規購読者に何の問題もないなら、他のすべては順調なはずだ）。

私はたいてい安宿に泊まるが、その日は周囲が寝静まった夜中の2時に――北アメリカでは昼間だ――電話会議の予定があったため、コンラッド・ホテルに向かった。幸い飛行機でたっぷり寝たので、シャワーを浴びるとすっかり元気になり、これから2日間過ごす自分の「オフィス」を整える。

2時間後、電話会議の議長が「ハロー」と呼びかけてくると、私は窓越しに香港の摩天楼を眺めながら、現地時間を言いたい気持ちをこらえていた。

今回の旅行ではベトナムとラオスに向かう予定だが、行こうと思えばどこへでも行けた。これから数日間で時差に慣れたら、朝仕事をして、午後は観光に繰り出す毎日だ。少なくとも1か月に1週間、私は旅と、仕事と、多めのコーヒータイムで過ごすこの夢の世界に出かけていく。ビジネスは私の人生を取り巻くものの1つであり、けっして私の人生がビジネスを中心に回っているわけではない。

さて今、誰かがこう考えているのが手に取るようにわかる。

「そんなの、まるでおとぎ話じゃないか」

だが……これは世界中の何万人という人が実行していることだ。私は数多くのうちの1人にすぎない。ノマド――オフィスを定めずに仕事をし、自由に移動する現代の遊牧民――は現実に存在している。

他の人の例も見てみよう。

◆音楽教師のスケジュール管理で年収3600万円

ユタ州で暮らすブランドン・ピアースは、ピアノ教師として成功を収めていた。つまり、自分が楽しめることで生計を立て、家賃が払えるという意味だ。でも、それだけでは満足できなかった。音楽の他にパソコンも得意だった彼は、どうにかその2つを結びつけて、収入を増やせないかと思っていた。そして、あるときその方法に気づいた。

「音楽教師は経営管理などやりたがりません。ただ音楽を教えたいだけです」

ブランドンは言う。

「でも、音楽教師の平均的な1日のなかで、管理業務はかなりの時間を占めています」

スケジュールの作成と変更に予約の確認――これらの作業は時間がかかるうえに注意力を必要とするから、教えることに集中できない。さらに、生徒が支払いを忘れたり、授業に出てこない場合もあるから、予定通りの収入を受け取れないおそれもある。

当初、ブランドンはビジネスを始めるつもりはなかった。ただ、「混乱した音楽教師の悩み」と名づけた自分の問題を解決したかっただけだ。

考えた解決策は「ミュージック・ティーチャーズ・ヘルパー」というソフトだった。自分で使うためにつくったものだったが、しばらくしてあらゆる音楽教師のための総合的プラットフォームにつくり換えた。

これを使うと、教師は（コンピューターの知識がなくても）自分のウェブサイトをつくることができ、スケジュール作成や料金の請求に関するすべてのことを処理できてしまう。そして、「もっとも楽しい仕事」、つまり音楽を教えることに集中できるというわけだ。

これは解決策を求めている市場だろうか？　イエスだ。しかも、市場はかなり大きい。

ブランドンは彼らに魚を与えているだろうか？　これもイエス。

音楽教師はたいてい懐具合が苦しいのを知っていたので、「ミュージック・ティーチャーズ・ヘルパー」にお金を払えば、長い目で見ればお金の節約になると彼は強調した。このサービスにはいくつかの異なるバージョンがあり、限定的に利用できる無料のバージョンもあるが、それなりの価格をつけることにした。生徒数に応じて変わるが、最高で年間588ドル（5万8800円）になる。

3年後、ブランドンの人生は大きく変わっていた。今ではユタ州ではなく、陽光あふれるコスタリカで、妻と3人の娘たちと暮らす日々だ。世界各地に10人の従業員も雇っている。慎重に時間を数えてみると、直接ビジネスに関係あることをしているのは1週間に8時間から15時間程度のようだ。残りの時間は家族とともに過ごし、さまざまな副業を楽しんでいる。

肝心なのは、**彼らがどこでも好きな場所で暮らせる**という点だ。ビザの延長が必要なときは、グアテマラに行って8日間滞在する。ブランドン夫妻は子どもたちを学校にやらず、家庭で教育しているので、どこにでも簡単に連れて行ける。だからこの一家が次にどこへ落ち着くのかは予想もできない（試しにアジアへ引っ越そうという案もあるようだ）。

そうそう、1つ言い忘れていた。「ミュージック・ティーチャーズ・ヘルパー」で得られる収入は、現在のところ、年に少なくとも36万ドル（3600万円）になろうとしている。ブランドンの顧客は長期契約を結んで月々の支払いをしているので、この数字が簡単に減ることはない。それどころか、仲間に加わる音楽教師はますます増え続けるだろう。

◆結婚式専門の写真家で年収900万円

第2章に登場したカイル・ヘップは、文字通り「怪我の功名《こうみょう》」で起業家になった。

建築技師の夫とともにアメリカからチリに移り住んだ彼女は、アメリカの通信会社ＡＯＬの契約社員として働きながら、スポーツマネジメントの仕事を探していた。南米の暮らしは性に合っていたが、夫の仕事は安定しているとはいい難く、会社の業績は下降線をたどりはじめた。

ある金曜日の午後、夫が給与の20パーセントカットを通告された。新しい契約にサインするのを断ると、即座にクビになった。

夫の解雇の知らせを聞いた2日後、今度はカイルを悲劇が襲った。ジョギング中にトラックに跳《は》ねられたのだ。命に別条はなく、後遺症も残らなかったが、当然ながらカイルの怪我はひどかった。1週間入院したあと、さらに何週間も自宅療養が必要だった。歩けない、キーボードさえ打てない。結局、ＡＯＬの仕事をやめざるをえなくなった。

カイルと夫は結婚3年目を迎えようとしていたが、それまでちゃんとした新婚旅行には行っていなかった。そこで2人は考えた。今がそのときだ。このひどい逆境は、長期休暇を取る大チャンスではないか。こうして彼らは仕事を探すかわりにイタリア行きの飛行機を予約し、はじめてのヨーロッパを数週間満喫したのだった。

事故にあう前から、カイルはほんの趣味程度で結婚写真を撮っていた。それを仕事にしようと本気で考えたことはなかったが、旅行に出る前にウェブサイトを更新し、予約を受けつけると告知してみた。するとすぐに1件の申し込みが入ったではないか。これなら仕事としてやっていけるかもしれない——自然と自信が湧《わ》いてきた。

チリに帰ってから夫婦は、「少なくとも依頼が途絶えてお金がなくなるまで」、写真をフルタイムの仕事にしようと決めた。驚いたことに、依頼のメールは次から次へと届き、スケジュールはすぐにいっぱいになった。2年後、2人は年間9万ドル（900万円）を稼ぐようになり、予約は1年後まで埋まっていた。

現在、彼らはアルゼンチン、スペイン、イギリス、アメリカと、世界中を飛び回って結婚写真を撮っている。

カイルの写真のどこがそんなに特別なのか不思議に思うかもしれない。優秀な写真家はどの国にもいくらでもいるだろうに、なぜ彼女はあちこちの国から呼ばれるのだろうか？　自分のお客は旅慣れた人が多いので、遠くの誰かに仕事を依頼するのが逆に楽しいのだろうとカイルは考えている。

「世界は狭いとみんな知っていますから。それに、私たちは時間をかけて人間関係を築きます。だから仕事を気に入ってもらえるんです」

◇1200万円稼いだ電子書籍

電子書籍の例も、本章で紹介しておかなければならないだろう。

「誰でも本を出して、直接儲けられる！」という当初の期待ほどの結果がともなっていないのが現状だが、うまくいっている例もあるし、世界のどこにいてもできる典型的なビジネスモデルでもある。

ソフトウェア開発者として働く、自称「プロのコンピュータおたく」のブレット・ケリーは、忙しい仕事とストレスの多い家庭生活を抱えていた。1万5000ドル（150万円）のクレジットカード負債と南カリフォルニアの高い物価のせいで、ブレットとその妻はすれ違いで仕事に出なければならなかった。

「僕が家に帰ると、入れ替わりに妻のジョアナがレストランへ仕事に行く。最後の数か月は、2人とも四六時中疲れきっていて、子どもたちも不機嫌でした」

ブレットは何年間も、友人や同僚が事業を始め、利益を上げるのを横から眺めていた。そしてついに自分もあるアイデアを思いついた。彼は人気の無料メモ管理ソフト、「エバーノート」を毎日のように使っているヘビーユーザーだったが、このサービスを最大限に活用するための詳しいマニュアルがないことに気づいたのだ。

そこで、自分で発見した使い方のコツを数か月かけてまとめあげ、丁寧に詳しい画面例と解説をつけて、PDFファイルを作成。『エバーノート・エッセンシャルズ』の名で世に出る予定の原稿が送られてきたとき、私は心から感心した。

電子書籍には、冗長なキャッチコピー、大きすぎるフォントサイズ、広すぎる余白で無駄にふくらんだものが多い。ブレットの商品はその反対で、しっかりした内容が詰まっていた。あとは、人が喜んでお金を払う内容であるかだ――。

マニュアルを売り出す前に、ブレットは妻とある約束をした。もし売上が1万ドル（100万円）に達したら、彼女はレストランの仕事を辞めて、2人の子どもの世話をするために専業主婦になる。ブレットは、目標に届くには1年とは言わないが、数か月はかかるだろうと踏んでいた。

『エバーノート・エッセンシャルズ』が売り出されると、たった7日間でPayPal

の口座に1万ドル以上が入金された（コンピュータおたくの本領を発揮して、ブレットは即座にiPhoneの画面を保存して壁紙にした）。

24時間たたないうちに妻はレストランに退職届を出した。短い産休のあいだを除いて、彼女が仕事に出かけないのは7年間の子育て期間ではじめてだった。

ちなみに、日本ではエバーノートに関する書籍やガイドがすでに10冊以上つくられている。つまり、ブレットのアイデアは大規模な商売になりえるもので、英語圏の市場がなぜかポッカリ空いていたわけだ。

数か月後、『エバーノート・エッセンシャルズ』は1日300ドル（3万円）以上の売上を続け、年間収入は12万ドル（1200万円）になると予想された。もしもこの作品が紙に印刷された本として出版社から発行されていたら、この数字は大成功とは見なされないだろうし、ブレットの取り分を印税10パーセントとすれば、1日たった30ドル（3000円）しかもらえない。

だがブレットは単独の所有者であり、本はネットで配信されるので、PayPalの口座に毎日送られてくる300ドルは、**ほぼすべてが自分の利益**になる。

話はこれだけで終わらない。

エバーノートを開発した企業の役員がこのガイドブックの噂を聞きつけて、ブレットに面会を求めてきたのだ。

まずい！

彼らが開発した無料ソフトで金を稼いでいるのを咎《とが》められる――ブレットは不安におののいたが、現実に起きたことはその逆だった。最高経営責任者が本をいたく気に入って、作者をスカウトしたいというのだ。

かくしてブレットは退屈なフルタイムの仕事を辞め、エバーノート社で新しい職を手に入れた。仕事は自宅ですればよく、ガイドブックの販売はこれまで通り続けて、利益はすべてブレットのものという好条件だ。すばらしい！

ブレットは語る。

「夢のような成功のおかげで、僕たち家族は長年の借金と経済的不安から解放されただけでなく、望み通りの生活ができるようになりました。僕は自宅で仕事をして、妻は専業主婦になったので、ふつうでは望めないほど長い時間を子どもたちと一緒に過ごせます」

◆それをつくれば、彼らが来るかもしれない

ブレットのプロジェクトには、これまでに見てきた成功のエッセンスがすべて詰まっている。情熱とスキルが両方そろったところからスタートし、自分の知識を1冊の本に詰め込んで、ユーザーがすぐに手に入れられるようにした。25ドル（2500円）という価格設定も絶妙だった。もっと安い値段をつけることもできたし、現にオンライン出版者のなかにはそうしている人もいる。しかしブレットは流されることなく、潜在的な顧客に対して明確な価値を示した。

あらゆる流行やビジネスモデルがそうであるように、すべての個人起業が成功するわけではない。やる気に満ちた起業家の多くは、映画『フィールド・オブ・ドリームス』で農夫が聞いた声のように、「それをつくれば、彼らが来る」と信じて、ビジネスを立ち上げる。

本書では、この名台詞《ぜりふ》を**「それをつくれば、彼らが来るかもしれない」**と書き換えることにしよう。

うまくいくときもあるが、うまくいかないときもある。

ブレットのように12万ドル（1200万円）売り上げる電子書籍がある一方で、2冊売れただけで（1冊は著者のお祖母さんに、もう1冊は家族の友人に）立ち消えになる本も数多くある。

失敗の原因は、非現実的な期待にあることが多い。簡単にいえば、働かずにいい思いがしたいと考えている人たちがいるのだ。

ノマド起業家の基本的なイメージは、たいていこんな感じだ。水着を着てビーチでくつろぐ。そばには飲み物が置かれ、パソコンが夕日に照らされている。私の貧困な想像力でそうしたシーンを思い浮かべると、ついついパソコンを心配し（盗まれないか？　キーボードに砂が入ったらどうする？）、まばゆい太陽に照らされたスクリーンの見にくさにげんなりしてしまう。そのうえ、南国のビーチでＷｉＦｉにアクセスできるところはほとんどないし、その点に関していえば、他の場所でもたいていアクセスできない。

どこでも仕事ができるという誘惑に目がくらんで、野心あふれる起業家の多くは、「仕事」よりも「どこでも」という部分に注目しすぎている。「どこでもできる仕事はなんだろう」と考えて、ビジネスを始めようとする。これは順序が逆だ。まずは、お金を稼ぐ。その仕事がどこでもできることなら、晴れてノマドの仲間入りだ。

この順番さえ間違えなければ、おおいにチャンスはある。ここ10年ほどのあいだに、数万人がデジタルノマドとして成功を収めている。これから自分の進む道のりが見えているなら、先人たちに続こう。

ブランドンと最後に話したとき、彼のビジネスはあいかわらず絶好調だった。いちばん最近の様子では、月に最高3万ドル（300万円）だそうだ。現在はコスタリカで地元の農場の株を買う計画を立てている。

おそらく農場はオンライン上のプロジェクトに比べれば利益が少ないだろう。しかしそれでも一向に構わない。音楽教師たちからの収入は毎月転がり込んでくるからだ。ブランドン一家は、結果がどうあれ、新しい生活にチャレンジするための完全な自由と可能性を手に入れているのだ。

KEY POINTS

□ノマド起業家はいたるところにいる。人知れず巨額な――年収10万ドル（1000万円）以上の――ビジネスを経営しながら、遊牧民のような生活を送っている人たちは現実に存在する

□たくさんの人が誤った理由でノマドライフを夢見ている。「自分は人に何を与えられるのか」という点をもう一度確認しよう

□場所にとらわれない働き方には多くの方法があるが、情報出版ビジネスは特に利益が期待できる。それは電子書籍に限らない。ＰＤＦファイルを売るだけだっていいのだ

第５章　顧客の年齢層を調べるな

あなたの顧客には共通点がある。ただしそれは古臭い分類には当てはまらない

「顧客」や「クライアント」という言葉が頻繁に使われているのを見ると、こんな疑問が浮かんでくるのは当然だろう。

彼らはどういう人たちなのか？

どこにいて、どうすれば見つけられるのか？

これらの疑問について考えるとき、あなたの理想の顧客を従来の人口統計――年齢、性別、収入など――にあてはめてみれば役に立つかもしれないし、役に立たないかもしれない。

私が最初の本を書いていたとき、出版業界のさまざまな人から、急成長するネットコミュニティの「ターゲット市場」について聞かれた。私は長くビジネスをして

いるので、質問の意味はよくわかったが、私のブログを読んでいる多種多様な人たちをどう表現したらいいかわからなかった。

芸術家もいれば、旅行家もいる。

大学に進学するか自立して社会に出るかを迷っている高校生もいれば、第二の人生を計画中の定年退職者もいる。

起業家や個人事業主もいれば、昔からある職業についている人びとも多い。おまけに、男女比はほとんど半々……。

そうか。**ターゲット市場は一般的な意味での「人口統計」とはまったく関係がないのだ**。聞かれてはじめて、そのことに気づいた。

私の読者の共通項は、自由で新しいスタイルの生活を求めていることだ。そういう人たちが**素性や経歴に関係なく**集まっている。志向でいえば「改革推進派」であり、大きな夢を追うと同時に、他人のためによりよい世界をつくりたいと考える人たちだ。

こうした分析のアプローチこそ、新しいターゲティングといえる。意味のないカテゴリーに従って読者を分類したり区別したりする必要はもはやない。

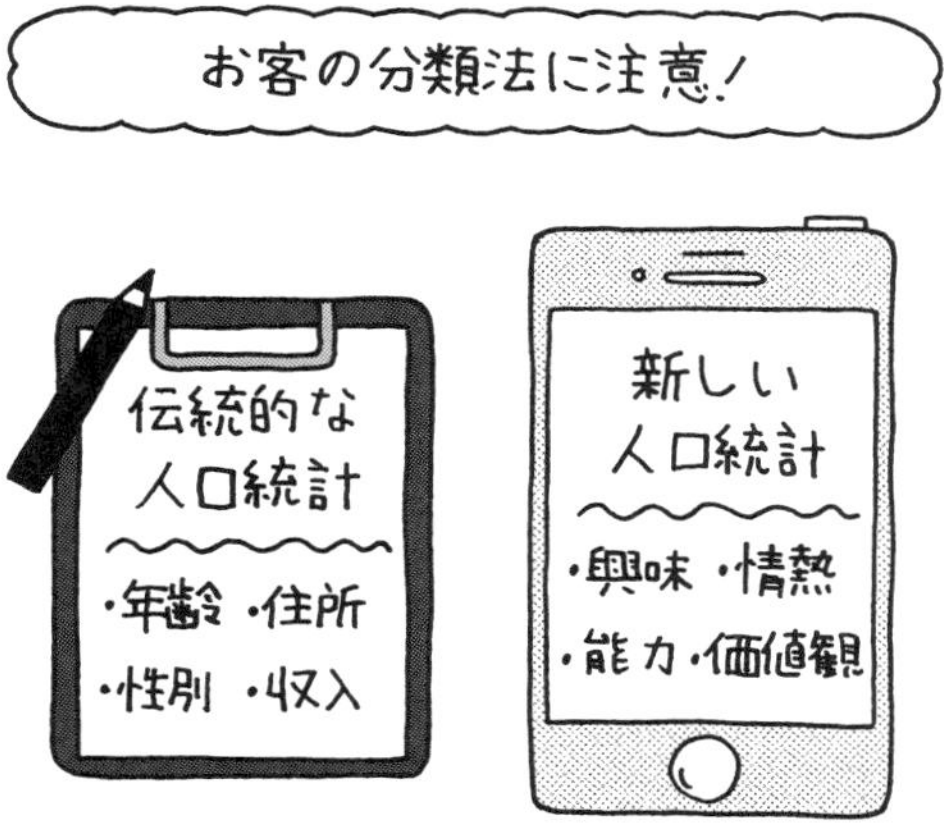

あなたは物書きになりたいわけではないかもしれないが、なんであれビジネスを考えているなら、自分がどんな人の役に立ちたいのかをはっきり考えておくといい。

対象となる人たちのグループ分けには、上の２通りの方法がある。

◆「他の誰でもない、あなたのための商品です」

カリフォルニア州に住むマーク・リッツとチャーリー・ジョーダンは、共同でキネティック・コーヒー・カンパニー（ＫＫＣ）を所有している。ＫＫＣは美味しいコーヒーを売る、すぐれた「マイクロコーヒービジネス」だ……しかし、美味しいコーヒーはそこかしこにあふれている。

2人が店を軌道に乗せたのは、そこに新しい付加価値を付けたからだ。KKCはある特定のグループに的を絞った。対象にしたのはサイクリスト、スキーヤー、バックパッカー。2人の言葉を借りれば、「アウトドアライフを楽しむ人なら誰でも」だった。熱心なファンを大切にした結果、競争の激しい市場で、彼らはすぐにKKCを特別にひいきするようになった。

2人とアウトドアとの結びつきはごく自然だった。コーヒービジネスを始める前、マークはずっとサイクリング業界に身を置いていたし、チャーリーはカヤック会社の副社長だった。2人とも地元の競馬場やレクリエーション・コミュニティでも積極的に活動していた。

同時に、2人ともコーヒー中毒でもあったので、2つの情熱を結びつけるのは正しい選択のように見えた。マークが振り返る。

「自転車好きの人を当て込んだコーヒーショップは、僕たちの前にもありました。でもそういうお店は、単にサイクリングで通りそうなルート上に店を開いただけでした。アウトドア好きの観点から見たのは僕たちが最初だったんです、ええ。僕たちが参入すると、もっと資金力のある会社がいくつも市場を撤退しました」

アウトドア人間の心をつかむために、マークとチャーリーはサイクルショップやアウトドアショップに協力もしている。メーカーと良好な関係を保っていれば、アメリカ中のほとんどすべての小売店と結びつきができる。新商品展示会やイベントに顔を出して、業界での存在感をアピールすることで、より安定した売上につなげているという。

共通する価値観を持つ人に年齢が関係ないことは、ずっと前から証明されていた。第１章でも取り上げた１９６５年結成のロックバンド、グレイトフル・デッドの創設メンバーであるジェリー・ガルシアは、自分たちの熱狂的ファンについて次のように語っている。

「子ども連れで来る人、親を連れて来る子ども、お祖父さんお祖母さんを引っ張って来る人――そんな人たちがたくさんいて、今じゃ本当にいろんなファンがいる。いつのまにかそうなってたのさ」

◆顧客を見つける確実な戦略

キネティック・コーヒー・カンパニーやグレイトフル・デッドに続くには、どうすればいいだろう？　誰もが知りたい「クライアントの見つけ方」を1万円起業家たちから学ぼう。

戦略① 人気のある趣味、流行をつかむ

ダイエット法はブームになってはすたれていく。つまり、常に需要があるわけで、そこに市場があることを意味している。

パレオ・ダイエット（原始人ダイエット）は、特定のもの（肉や生野菜）をたくさん食べ、その他のもの（穀類、乳製品、砂糖など）はごく少量だけ食べるか、まったく食べてはいけないというダイエット法で、広く知られはじめている。

あらゆるダイエットがそうであるように、パレオ・ダイエットにも熱心な支持者がいる一方で、科学的根拠に疑いを持ち、強硬に反対する人たちもいる。こうした

状況——**多数の賛成派と反対派がいる産業や流行——は、常に絶好のビジネスチャンス**となる。

ここでジェイソン・グラスペイに登場してもらおう。彼はパレオ・ダイエット支持者のための代表的なマニュアル『パレオ・ダイエット（The Paleo Diet）』を読んで、自分でやってみた。気づいたのは、このダイエット法を守るのは難しい、ということだった。「自然な食品を食べ、穀類を避ける」というルールは簡単に聞こえるが、計画を立てておかなければすぐに破ってしまう。

何かに興味を持つ人がたくさんいるが、それを日常生活で実行するのは大変だというケースも、絶好のビジネスチャンスを示す兆候だ。

ジェイソンは問題の解決に取りかかった。本格的なパレオ・ダイエット支持者は女性よりも男性が多く、だいたい25歳から35歳のあいだだとわかった。こうした旧来型の統計も役に立ったものの、さらに重要な共通点は、「パレオ・ダイエット支持者の経歴はさまざまだが、ダイエットを実行するためにあまり時間をかけられない」という悩みがあることだった。

さあ、ビジネスチャンスだ！　週ごとに何を買い、料理し、食べればいいかを示してあげられればいい。つまり「魚を与える」のだ（ちなみにパレオ・ダイエットではたくさん魚を食べるが、これはダジャレではない）。

3週間後、ジェイソンは自分のウェブサイトをつくり、ダイエットの実行プランを提供しはじめた。初期費用は1500ドル（15万円）かかったが、1年以内に月々6000ドル（60万円）を超える利益を上げるようになった。今、ビジネスの維持のためにかかる時間は……毎週サイトを更新するのに必要な2時間だけだ。

戦略② ほしいものをお客に聞く

あなたが「自分のクライアント」を知ろうとするとき、とても大切な事実を忘れないようにしよう。人は買い物が好きでも、売りつけられるのは嫌いだという事実を。

旧式のマーケティングは「説得」に基づいているが、新しいマーケティングの基本は「誘うこと」だ。

説得型マーケティングとは、サービス内容を説明したり、競争相手よりすぐれている理由を伝えたりして、とにかく人に何かを納得させようとする方法だ。このマーケティングは、一軒一軒しらみつぶしに訪問する掃除機のセールスマンに似ている。たくさんのドアをノックすれば、そのうち掃除機が1台売れるかもしれない……だが、そのために費やされる人件費と門前払いの回数は半端ではない。

説得型マーケティングは、これからもなくなりはしないだろうが、今は他のやり方がある。掃除機を抱えて一軒一軒訪問するのが嫌なら、本書に登場する人たちが顧客のほうから寄ってくるビジネスをどうやってつくったのか考えてみるといい。

あなたは何を売るのだろうか？

第2章の教訓「人がほしがるものを見つけ、それを与える方法を見つけよう」を思い出してほしい。熱心なファンや忠実な顧客を生みだせば、彼らはあなたからの新しいオファーを待ち望み、それが出るや否や飛びつこうとする。この方法はただ新しいだけでなく、よりすぐれた方法でもある。

異なるアイデアを検討し、どれがいちばんいいか確信がないときは、商品を買ってくれそうな人や現在の顧客（もしいれば）、あるいは自分のアイデアにぴったりな誰かに**ズバリ聞いてみるのがいちばん早い**。

質問は具体的に。何かを「好きか」どうか聞いても、あまり役に立たない。あなたは単なる趣味ではなくビジネスを始めようとしているのだから、あなたが売ろうとしているものにお金を払ってくれるかどうか聞いてみるといい。それによって、単に「好き」なのか、実際に「お金を払って買う」かが区別できる。

次のような質問から始めると効果的だ。

- **＿＿＿＿＿＿＿について、いちばん困っていることは何か？**
- **＿＿＿＿＿＿＿について、いちばん知りたいことは何か？**
- **＿＿＿＿＿＿＿について、どんなことをしてほしいか？**

空欄には、具体的な話題や特定のニーズ、あなたが調査している産業を入れる。たとえば「子育てについて、いちばん困っていることは何か？」あるいは「動画の撮り方について、いちばん知りたいことは何か？」という具合だ。

こういった調査――回答者が好きなように答えられる自由記述式の調査――で面白いのは、それまで考えてもみなかったことが学べるところだ。それはまた、新製品の大々的な売り出し、あるいは市場への再導入のきっかけにもなる。

一対一で質問してもいいし、グループを対象にしてもいい。より広範囲に回答を求めるなら、私は「サーベイモンキー（SurveyMonkey.com）」が提供する有料のサービスを利用するが、「グーグルフォーム（グーグルドキュメント内にある）」を使って、見た目は劣るが無料のアンケートをつくることもできる。

回答者にメールであなたの考えを伝え、協力を依頼しよう。質問はごく簡単なものにして、知る必要のあることだけを尋ねる。私たちはみなヒマではないが、アンケートがよくできていれば、回答率は50パーセントを超えるだろう。

私はよく顧客リスト宛てにメールを送り、具体的な製品アイデアについて意見を聞く。たとえばこんなふうに。

「これから数か月かけて取り組む予定のアイデアがありますが、それらはまったく的外れかもしれません。それぞれのアイデアについてご意見を聞かせてください。

アイデア１　＿＿＿＿＿

アイデア２　＿＿＿＿＿

アイデア３　＿＿＿＿＿」

そして、それぞれのアイデアに評価スケールをつけて、第一印象で答えてもらう。評価スケールには、たいてい次のような回答がついている。「気に入った！」「ぜひやるべきだ」「面白そうだ」「もっと聞かせてほしい」そして「興味なし」。

アンケートの質問は10個以下に抑えること。大局的な回答を得るためには質問は少ないほうがいいし、より詳細な回答がほしければ、質問の数を増やす（ただし、その場合は回答者の数は減らし、熱心な相手に絞る）。アンケート結果によって、そのまま進むか、それともプロジェクトを見直すかの選択を迫られるだろう。

意思決定表

クライアントの顔が見えてきたら、ビジネスのチャンスだ。でも、手応えのある選択肢がいくつかある……。

さて、どれを実行に移したらいいだろうか。

	影響	手間	収益性	将来	総合
アイデア1					
アイデア2					
アイデア3					
アイデア4					
アイデア5					

私は「意思決定表」と呼ぶチャートを使って判断している。

表の上の段にアイデアを書き入れ、５段階で採点する。それぞれの特徴がつかめればいいので、おおざっぱな推測で答えてかまわない。基準は次の通り。

影響：全般的に見て、このプロジェクトはあなたのビジネスや顧客にどの程度の影響を与えるか？

手間：このプロジェクトをつくり上げるのに、どのくらいの時間と労力が必要か？

（この場合、得点の低いほうがより手間がかかることを示す。膨大な量の仕事が必要なプロジェクトは1、ほとんど手間のかからないプロジェクトは5になる）

収益性：他のアイデアと比較して、そのプロジェクトはどれくらいの収入になりそうか？

将来性：このプロジェクトはあなたの全般的な目標や将来の構想にどれくらい近いか？

それぞれの項目に1から5の数字を書き入れて、下段の「総合」欄に合計を書き込む。

もし1つのプロジェクトを候補から外すなら、いちばん得点の低いものを削除する。

1つのプロジェクトしか選べないなら、いちばん得点の高いものを実行しよう。

この章で紹介した手順に沿えば、カスタマーのことをより深く考えたビジネスプランができ上がる。

第1部では1万円起業の特徴やメリットを紹介し、ビジネスのアイデアを固めるまでを丁寧に見てきた。

さあ、次はお待ちかね、スタートアップだ！

KEY POINTS

□顧客をかならずしも年齢、人種、性別に分けて考える必要はない。むしろ、信念や価値観を共有する人たちだと思えばいい

□1つのブームや流行を追ってその道の権威になれば、同じものに興味のある人が簡単に学べるように手助けができる

□アンケートを利用して、顧客や見込み客について理解しよう。質問は具体的であればあるほど効果がある。「私にいちばんしてほしいことは何ですか?」とズバリ聞いてしまおう

□意思決定表を使って、複数のアイデアを比べてみよう。1つのアイデアだけを選ぶ必要はないが、この作業によって次に取りかかるものが決めやすくなる

第2部

TAKING IT TO THE STREETS

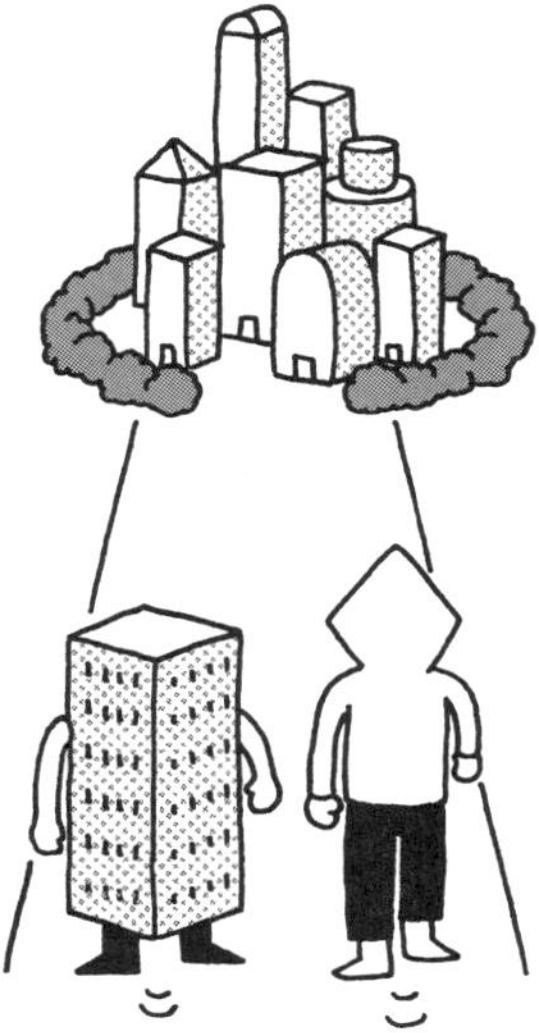

さあ、街で売ろう

第6章 ビジネスプランはA4用紙1枚に

あなたのミッション宣言がこの1文より ずっと長いなら、それは長すぎるかもしれない

ジェン・アドリオンとオマール・ノーリーは、オハイオ州のカレッジでデザインを学んだ。2008年に卒業すると、ジェンは母校で教鞭《きょうべん》をとり、オマールは町のスタジオでデザインの仕事に就く。

2人とも勤め先を持ちつつも、フリーのデザイナーとしても働いていた。小さなアパートをシェアして暮らせるだけの生計をかろうじて立ててはいたが、卒業から1年たつ頃には、心がすり減ってデザインへの情熱自体が燃え尽きかかっていた。

ジェンは思った。

「医学部を目指しておけばよかったのかな。いいえ、会計士に向いていたってこともあるかも？　ああもう、希望した仕事を始めてまだ1年しかたっていないのに、こ

んなふうに思うなんてどうかしてるわ」

オマールも同じようなことを考えていたが、家へ帰る車の中で２人は、他の話題について話した。楽しみにしていたニューヨーク旅行のことだ。帰宅後、詳しい計画を立てるために地図を探したが、気に入ったものが見つからない。そうだ、自分たちでつくってしまおう！　２人は行ってみたい場所についてあれこれ話しながら、夜遅くまで理想の地図づくりに励んだ。

デザインし終わったとき、１つだけ問題が持ち上がった。

印刷業者は最低50部からの注文しか受けず、費用が５００ドル（5万円）かかる……。１枚の地図の値段としては大金だったが、２人にとってこの試みはすでに、それ以上の重要な意味を持っていた。ジェンとオマールは２５０ドル（2万５０００円）ずつ出しあった。

仕上がった地図は最高の出来だ。まず1枚を壁に貼った……そして49枚が特に目的もないまま手元に残った。何枚かは友人にプレゼントし……それでもまだ44枚残っている。オマールは何気なく思いつきを口にした。

「残った地図を買いたい人はいないかな？」

彼らは簡単なウェブサイトを作成し、PayPalボタンを設置してベッドに入った。翌朝目覚めると、最初の注文が入っていた。それからも1枚、また1枚と売れていくではないか。人気のあるデザイン・フォーラムで知らないうちに話題になると、最初の印刷部数はその後10分で売り切れ、追加販売を求めるメッセージが次々に届いた。

それからの数か月、ジェンとオマールはさらに自分たちのスタイルを洗練させ、新しいアイデアも取り入れて、ニューヨークの地下鉄路線図やサンフランシスコの詳しい現地情報を取り入れた地図をつくった。

「着実に仕事を広げていくが、明確な存在理由のない製品はつくらない」

それが彼らの方針だった。デザイナーとしての信念から、店で売られているものはすべて、なくてはならないものであるべきだと考えていたのだ。また、顧客のなかには何度も買ってくれるリピーターもいたが、もっともありがたいのは顧客が別の買い手やファンを増やしてくれることだともわかっていた。

さらに9か月後、彼らはそれぞれ勤め先を辞めて、このビジネスに専念することにした。

「このプロジェクトのおかげでデザインへの情熱を取り戻せたし、僕たちがデザイナーとして成長するまたとない機会になりました」とオマール。

ジェンとオマールは**１つのアイデアからスタートし、ぐずぐずせずに製品を売り出した。そして市場の反応（「別の地図もつくってくれ！」）に合わせて、新しい製品を慎重に（つくりすぎないように）増やした。**ジェンの次の言葉は、1万円起業家の魂そのものだ。

「私たちは徹底的に計画を立てるタイプなのに、地図の販売は最初、まったく計画にありませんでした。それが私たちの本業になっちゃうんだから、おかしなものです」

◆計画？　計画って何？

この章では、実際に「売り出す」局面をテーマにする。

だが、ジェンとオマールの話から学べる通り、すでに登場したケーススタディと基本は変わらない。

すなわち、**すばやくスタートし、反応を見てから考える**、だ。

計画するのは悪いことではないが、下手をすると実行されなかった計画だけを残して人生は終わってしまう。計画と実行の戦いにおいて、勝つのは常に実行だ。

では売り出しを実行するときのルールを見ていこう。

ルール① 市場性の高いアイデアを選ぶ

ジェンとオマールのアイデアは次のようなものだった。

「僕たちの他にもいい地図がほしい人はいるだろう。そういう人は、僕たちから買ってくれるほど、地図が好きだろうか？」

市場性の高いアイデアとは、壮大で画期的なそれという意味ではない。問題を解決するもの、あるいは他人がお金を払ってでもほしがるような有益なものでありさえすればいいのだ。

革新を考えてはならない。有用性を考えよう。

だけど、自分のアイデアに市場性があるかどうか、どうすればわかるだろう？

実をいえば、確実にわかるわけではない——だからこそ、とにかく早くスタートすることが大事だし、最初から大金をつぎ込むのは避けなければいけない。

ルール② 費用を抑える

プロジェクトにお金ではなく労力をつぎ込めば、借金を抱えずにすむし、うまくいかなかったときの影響が最小限に抑えられる。

ジェンとオマールはちょうど５００ドル（５万円）の総費用でスタートした。同じくオハイオ州でエイミー・ターン・シャープは手づくりおもちゃの会社を経営しているが、起業コストは３００ドル（３万円）だ。ニューヨークのマイケル・トレイナーは、ドキュメンタリー制作ビジネスを２５００ドル（25万円）でスタート。ちなみにこれはすべてカメラ代で、あとで売り払ってお金に変えた。

数人の従業員を抱える、マイクロビジネスとしては「大規模」な場合であっても、初期費用はできるだけ抑えていることも調査でわかった。

ルール③ まず売ってみる

ケンタッキー州で私はニック・ゲイテンスに会い、彼が手がけている小さな写真プロジェクトの話を聞いた。ニックはIT企業に勤めながら、写真で生計を立てたいとずっと考えていた。しかし、その方法が見つからない。

「ウェブサイトに自信がなくて。写真がきれいに見えるようなレイアウトができないし、訪問者に向けた気の利いたメッセージも思いつかないんです」

待ち合わせをしたコーヒーショップで彼はぼやいた。

私はいつでも人のプロジェクトに興味がある。その場でノートパソコンを開いて、そのサイトを見ようとURLを聞いた。

「ええと、実はまだサイトをアップしていません」

慌てるニックに、私はとっておきのアドバイスをした……と言いたいところだが、実際は何も言う必要はなかった。自分が抱える問題に気づいた彼は、目を伏せてコーヒーカップをじっと見ていたからだ。プロジェクトを成功させたければ、とにかくスタートさせる必要がある。ニックはすぐにやるべきことをやろうとコーヒーショップを出た。

数週間後、私たちは再会した。今度は顔つきがまるで違う。興奮気味のニックは、重要な最新情報を教えてくれた。

「とりあえずサイトをつくったら、写真が売れたんです！」

見知らぬ客がインターネットのどこかからリンクをたどって、ニックの写真を50ドル（5000円）で買ったという。「たいしたことないじゃないか」と思ったあなたは、これまで自力でものを売ったことがないのだろう。私はそうは思わない。**新しいビジネスで何かが売れたら、数に関係なく、それはすごいことなのだ。**

その数週間のうちに、ニックはプロジェクトを遅らせていた真の原因を突き止めた。

「最初は全部技術的な問題だと思っていたんです。デザインをちょっといじらなければだめだとか、プログラムのエラーを修正しないといけないとか。でも自分に正直になってみると、前に進めないのは怖気《おじけ》づいているせいだとわかりました。１枚も売れなかったらどうしようとか、誰も僕の写真を気に入ってくれなかったらどうしようとか。それがわかると、僕はその日のうちにサイトをアップしました。そして2週間後に最初の写真が売れたんです」

インタビューに答えてくれた他の人たちからも、こうしたストーリーを数え切れないほど聞かされた。スタートするのがどれほど難しかったか、はじめて売れたときどれほどうれしかったか。

あなたが知る必要があるのは……どうすればはじめての販売ができるのか、だ。他のビジネスとの競争は後で考えればいい。いちばんの大敵は、心の迷いにほかならない。

ルール④ つくる前に市場をたしかめる

多大な労力をつぎ込んで生産する前に、自分が提供するものをほしがる人がいるかどうか知っておいたほうがいい。前章で見た通り、それを確かめる方法の1つがアンケートだが、私の友人は別のうまい方法を考えた。

彼は、高級自動車の専門的ガイドブックを900ドル（9万円）で売り出した……といっても、雑誌にその告知広告を載せたときは、まだ実際にそのガイドブックをつくっていなかったのだが。製作に相当な手間がかかるとわかっていたので、もし誰もほしがらないのなら、仕事をしても無駄というもの。だから先に調べたわけだ。

彼にとっても意外だったが、2件の注文が入った。広告費用はちょうど300ドル（3万円）だったので、もし本当にガイドブックをつくれれば、１５００ドル（15万円）の利益が得られる。友人は２人の買い手に連絡し、現在新しい改良版の「バージョン２」を執筆中なので、完成するまで30日お待ちいただければ追加料金なしでお送りします、と告げた。

もちろん、待つのがいやなら返金すると申し出たが、買い手は２人ともバージョン2を待つことにした。友人はそれからの1か月わき目もふらずに執筆し、辛抱強く待っていた顧客に送った。このガイドブックは売れるとわかったので（そして今では実際に製品が手元にあるので）、彼はもう一度広告を出し、その後の数か月間でさらに10冊を売った。

ルール⑤　最初の結果によって、変えるべきところは変える

最初の成功を収めたら、状況を整理して、次に何をすればいいかを決めよう。

ジェンとオマールはお客の要求に応えて、新しい種類の地図を増やしていった。そこで問題発生。自分たちでやっていた発送作業に手が回らなくなったのだ。

「始めたばかりの頃は、郵便局に行くのが楽しみでした。外に出ると気分も変わる

し」とジェン。

「でもそのうち週に3回から5回にもなると、もううんざりしちゃって」

発送を地元の倉庫業者に委託することに決めると、週に数時間節約できた。

このような決断は考えるまでもないように思えるだろう（だって、デザイナーが郵便局への往復で時間を取られなければならない理由がどこにある?）。

しかし、習慣を変えるのは意外と面倒だ。彼らの場合、単に地元の倉庫業者に発送を代行させるだけではすまなかった。オンライン・ショッピングのカートを出荷サービスに同期させる必要もあったからだ。

最初の方法を変えるちょっとした勇気が、大きな効果をもたらすこともある。

◆計画で未来を埋めるな!

考えすぎて足踏みをしないために、プランはA4用紙1枚以内にまとめておこう。次の問いに1文で答えていくだけで、売り出しに必要なことはすべてそろう。

Ａ４用紙１枚のビジネスプラン

概要

何を売るのか？

誰が買うのか？

このビジネスアイデアは誰を助けるのか？

お金

いくら請求するのか？

どうやって支払いを受けるのか？

このプロジェクトで稼ぐ方法は他にあるか？

売り込み

顧客はどうやってこの製品について知るのか？

どうすれば口コミで広めてもらえるだろうか？

成功の基準

次の指標を達成すれば、このプロジェクトは成功だ。

顧客数＿＿＿＿＿＿＿　または　年間純収入＿＿＿＿＿＿＿

（あるいはそのほかの指標）

障害と問題

このプランの具体的な懸念は？

①

②

③

懸念に対して考えられる解決策は？

①

②

③

期日
このプロジェクトを＿＿＿＿までに立ち上げる。

最後に、プランニングの骨子を明確化するため、１文でミッション宣言をつくってみよう。

１４０字がちょうどいい。

これはツイッターでアップできる最大の文章量で、自分の考えを絞り込むためにぴったりの量だからだ。

１４０字のミッション宣言

盛り込むのはあらゆるビジネスに共通する2つの特徴だけ。

製品またはサービスと、それを購入する人たちのグループである。この2点をまとめれば、次のような基本形ができあがる。

私たちは［製品またはサービス］を［顧客］に提供する

これをベースに肉付けしていく。必要なのは説明的な特徴ではなく、あなたのビジネスのコア・ベネフィットだ。すると、次のようになる。

私たちの［製品またはサービス］は［顧客］が［主要なベネフィットを］するのを／達成する役に立ちます。

このように焦点を絞り込めば、中身のない［会社用語］を避けられるし、顧客との関係から見たビジネスの本当の目的を掘り下げられる。次にいくつかの例をあげてみよう。

あなたが犬の散歩サービスを考えているのなら、特徴は「私は犬を散歩させる」になる。ベネフィットは「忙しくて犬と一緒に過ごせない飼い主が、安心して犬を預けられる」。

手編みの帽子の図案を売っているなら、顧客のベネフィットはこんなふうになる。「自分や親しい人のために、世界に１つだけの帽子を手づくりできます」

ジェンとオマールは１万円起業のモデルに従い、速やかなスタートを切った。１ドルの借金もせずに販売を始めて、ビジネスが急成長したときは仕事のやり方を変えた。

彼らから学ぶべきいちばんのポイントは、永遠に考え続けたり、将来の計画でバインダーをいっぱいにしたりせずに、とにかく行動したことだ。

KEY POINTS

□変化する顧客のニーズに対応するために、「プランは行動しながら」立て、とりあえずビジネスを始めてみよう

□ニックは1枚目の写真が売れたとき、50ドル（5000円）の代金以上の励ましを得た。できるだけ早く最初の売上を得る方法を見つけよう

□「A4用紙1枚のビジネスプラン」を使って、あなたのアイデアを手早くまとめよう

□やることが複雑になりすぎないように、あなたのアイデアの核となる部分を「140字のミッション宣言」にまとめよう

第7章　断れないオファー

「ほしい！」と言わせるまでの完全ガイド

アラスカ州アンカレッジにあるテレビ局のオフィスで、スコット・マクムレンは窓の向こうのマッキンリー山を眺めていた。スポンサーを募集して町中のドアをノックして回ってきたところだ。彼はテレビの広告営業と旅行番組の司会を兼任していた。本当は司会に集中したいのだが、それだけで食べていけるとはとても思えない。

友人から「一緒にビジネスをやろう」と熱心に誘われてもいた。乗り気ではなかったスコットだが、2年間口説かれ続けたある日、ついに折れてこう言った。

「わかった、やってみるよ」

変化のない毎日にうんざりしていたのだ。

それは、アラスカに来る個人旅行客のためのクーポンブックをつくる、というアイデアだった。毎年100万人を超える観光客が、雄大な自然を誇るアラスカの玄関口に立つ。観光船やガイド付きツアーの客もいるが、自分で旅行計画を立てて来る個人旅行者のほうが多かった。

顧客が抱える問題は、しばしばビジネスチャンスと結びつく。アラスカにはるばるやってきた観光客の悩みの種は、物価が高いことだ。そのうえ、「オプショナルツアーの手配料」を上乗せして、さらにお金を搾《しぼ》り取ろうとする旅行会社もある(「アラスカへようこそ……お財布をお預かりします」というのはよく聞く冗談だ)。

だからクーポンブックはうまくいく可能性があったが、ありきたりでささやかな割引ではなく、本当に価値のある観光スポットやサービスを選び、かつ大幅な割引を提供する必要があった。

スコットが引き受けたのはそれだ。広告営業を通じて、旅行客に満足してもらえそうな観光施設や店をよく知っていたし、すでに関係も築いていたので、割引を約束してもらいに行くだけでよかった。たいてい「1つの価格で2つ」、つまり2泊目、あるいは2人目が無料になるということで話がついた。

スコットは1つ契約を取ると、それを足がかりに次々と契約を結んだ。ためらう店には、「他の店はみんなすんなり了解してくれましたよ」と言った。取り残されたくないでしょう？

次に、クーポンブックを買う人に、それがいかに利用価値が高いかを示す必要があった。

値段は安くしたかって？　ちなみに、こうしたクーポンブックは20ドルから25ドル（2000円から2500円）が相場で、たいてい広告収入か掲載店からのリベートで資金を調達している。だが、2人にはもっといいアイデアがあった。クーポンブックの値段を99ドル95セント（9995円）と高額にするかわりに、**誰が見ても納得する、明らかなメリット**を提供したのだ。

クーポンブックには数百ドルするヘリコプター遊覧飛行や観光ツアー、1泊100ドル（1万円）を超えるホテルも載っている。それらが実質半額になるのなら、誰でも99ドル95セントを支払うはずだ。

こうして生まれたクーポンブック「ツアーセイバー」は大成功を収めた。

これは、それまでの仕事で得たスキルを見事に転用した例だ。スコットは地元旅行業界について内輪の知識があり、価値の高い契約を確実に引き出す方法も知っていた。かれこれ15年以上、「ツアーセイバー」は安定した利益を上げ続けている。

おトク感を際立たせるキャッチコピーも魅力的だ。

「このクーポンブックを買って1回使えば、払ったお金が取り戻せます。残りの100以上のクーポンは、使えば使うだけおトクです」

スコットは次のように解説する。

「簡単な算数ですよ！　130ドル（1万3000円）以上のクーポンを1枚使えば、クーポンブックに払った金額以上の節約ができるんです」

もう1つの考え方はこうだ。スコットたちは「断れないオファー」を出した。アラスカ観光をしたいなら、このクーポンブックを1冊買わない理由はほとんど見当たらない。

◆オレンジとドーナツ

数年前、私はシアトルではじめてのフルマラソンに挑戦した。気持ちよく完走し

た……と言いたいところだが、30キロ地点にさしかかるころには力尽きて、足を引きずるようにして走るのが精一杯になった。

そのとき、道路の脇でみずみずしいオレンジを配っているボランティアが目に入った。疲れ切っていた私は迷わず走る位置を変え、スピードを落として、その贈り物をありがたく受け取った。新鮮なひと切れのオレンジは、断れないオファーだ。無料だったが、もしお金を持っていたら喜んで払っただろう。

さらに3キロあまり先では、別のボランティアが違う贈り物を手渡していた。半分に切ったクリスピー・クリーム・ドーナツ……。残念ながら、このオファーは私の心には（私が見た他のどのランナーの心にも）響かなかった。

私は長年にわたって必要以上にドーナツを食べてきた。しかし人生でもっとも長いレースの3時間目に突入していたそのとき、大量の糖分で気分を高揚させようとは思えなかった。そのオファーは魅力的とはいえず、その場にふさわしくなかった。

人を引きつけずにおかないオファーとは、30キロ地点で出されたオレンジだ。

ワシントン大学で、卒業を控えた4年生を対象に毎年支給される2万ドル（200万円）のボンダーマン研究奨学金もそうだ。この奨学金には厳格な規則がある。受け取った学生は、1人で世界を旅すること。8か月は帰ってきてはいけない。ああ、君たちがちゃんと生きているとご両親に伝えたいから、たまには短い連絡をよこすように——。

奨学金に応募する学生が毎年数百人はいるだろうって？　その通り。

見込み客が断れないオファーはどうすればできるのだろうか？

何度も繰り返すが、まず魚を与えるのが大原則。

次に、適切な時期に、適切な相手を選んでいるかどうか。相手はよくてもタイミングが悪いときがままあるものだ。マラソンランナーはレース後なら喜んでドーナツを食べるだろうが、30キロ地点ではノーサンキューだ。

そして製品やサービスを説得力のあるキャッチコピーとともに差し出せば……断れないオファーのでき上がりだ。

具体例をあげながら、断れないオファーの条件をさらに考えていこう。

条件① 人が「ほしいもの」と、「ほしいと言うもの」は必ずしも同じではない

飛行機は満席。おまけにあなたの席は、乗り降りに時間がかかる機体後部の、窮屈な真ん中の場所——そんな憂うつなときはこの原則を思い出そう。

旅行者は長年、混んだ飛行機と窮屈な座席に不満を言い続け、航空会社は長年、それを無視し続けてきた。ときおり、どこかの航空会社がこの不満に応えてキャンペーンをする。

「当社のエコノミークラスは、足元に広いスペースを設けております！」

好評を博しそうなものだが、数か月たつとかならず足元スペースの余分な幅は削られ、元の木阿弥《もくあみ》になってしまう。

なぜだろう？

そのわけは、旅行者は口では何と言おうと、快適に過ごせる広さの足元スペースに対し、お金を払うほどの価値を認めていないからだ。むしろ旅行者は他のどんな不満を差し置いても、割安航空券を高く評価する。混んでいても、どの席でも。

航空会社はそれをわかっているので、お客がほしがるものを――ほしいと言うものではなく――与える。

すぐれたオファーはお客が本当にほしがっていて、そのために喜んで代金を支払うものでなければならない。

条件② ほとんどの人は買うのが好きだ。しかしたいてい買わされるのは嫌がる

強引な売り込みを好む人はいない。

逆に説得力のあるオファーに出会うと、しばしば押し売りではなく、あたかも好意あふれる招待を受けたように感じてしまう。

旅行者にとってのクーポン、マラソンランナーにとってのオレンジ、大学生にとっての奨学金。どれも売り込む必要がない。

だ。

条件③　背中を押す

うまいオファーは、「今すぐこれを買わなければ！」という気持ちを顧客に起こさせる。その場で背中を押せるかどうかが、並みのオファーと高度なオファーの差だ。

ジョナサン・フィールズはヘッジファンド弁護士から転身してフィットネス産業で起業し、「マンハッタン・ヨガ・スタジオ」を経営して業界トップを目指していた。

１回のレッスンは18ドル（１８００円）で、月会費は１１９ドル（１万１９００円）だった。夏の終わりが近づくと、スタジオの収入はガクッと減るが、10月になると生徒たちがまた戻ってきて、頻繁にレッスンに来るようになる。

ジョナサンは何とかして生徒にもっと早い時期にレッスンに戻ってもらい、できるだけ熱心に通ってもらえるようにしたかった。そこで、断れないオファーを出した。９月１日から入会した新会員は、１８０ドル（１８０００円）払えば、その年の終わりまでいくらでもレッスンを受けられる。つまり、４か月分のヨガ・レッスンを45日分の費用で受けられるので、通常価格の実に62パーセントオフになる。

さらに2つの要素が追加された。第一に、新会員は早く入会すればするほどたくさんのレッスンを受けられるので、「急がなきゃ」という気になる。

第二に、このオファーはいつでも終了できるようにした。9月3日に来た人が年末まで通えるかどうか迷っていると、スタッフがこう告げるのだ。「この割引プランは週末までに終わっているかもしれません」

ほとんどのフィットネスクラブは1月になるとドッと新会員が増える。ご想像の通り、「今年こそ運動しよう」と新年の誓いを立てる人が多いからだ。

ジョナサンの戦略は、従来なら落ち込みの激しい9月に大幅に会員数を増やすことに成功した。また、9月になれば1月まではあっという間だ。新年を迎える頃には、多くの会員が「今年こそもっとちゃんと運動しよう」と決めて、月会費制に——通常価格で——切り換えた。

もう1人のオファー名人、ブランディ・アーゲルベックは「ボスを持たない、ボスにならない」をモットーに、自分1人でビジネスを経営している。

彼女の本職は、会議などで出されたアイデアを図解し、視覚的に表現することだ。過去15年間、さまざまなイベントで数百人のクライアントと仕事をしてきたという。

当然、疑問が浮かんでくる。「そんなサービス、意味があるんですか？」と首をかしげる担当者を、どうすればその気にさせられるのだろうか？

乗り気でない担当者たちと数え切れないほどやり取りした結果、ブランディはある習慣を身につけた。

はじめて仕事の話をするときは、こんなふうに切り出すのだ。

「私はちょっと変わった仕事をしています」

これだけで人は興味を持ってくれるし、「グラフィック・ファシリテーター」という名の仕事をよく知らなくても気まずい思いをしなくてすむ。

次に学んだこと。

それは、彼女が標的とする市場は企業役員やミーティングのリーダーかもしれないが、雇うのはかならずしもその人たちではないということだ。

「私はたいてい会議の進行役に雇われて、彼らを助けるサイレント・パートナーとして働きます。私が会議の進行を記録するだけでも彼らは楽になりますが、メリットはそれだけではありません。進行役は私の図解を見て議論のプロセスを理解できるし、クライアントに完全に集中することができます」

断れないオファーをつくろう

ポイントを押さえたところで、あなたもオファーをつくってみよう。適切な相手に、適切な約束を、適切なタイミングで――これがそろえば断れないオファーの完成だ。

基本

何を売るのか？ ＿＿＿＿＿＿＿＿

いくらで売るのか？ ＿＿＿＿＿＿＿＿

このオファーに対してすぐ行動するのはだれか？ ＿＿＿＿＿＿＿＿

顧客のベネフィット

プライマリー・ベネフィット（決定的購買動機）は ＿＿＿＿＿＿＿＿

重要なセカンダリー・ベネフィット（副次的購買動機）は ＿＿＿＿＿＿＿＿

反対意見

このオファーに対する主な反対意見は？

①

②

③

これらの反対意見にどう反論するか？

①

②

③

タイミング

なぜこれを今買う必要があるのか？

このオファーにもっと説得力を持たせるために何を付け加えられるか？

◇「よくある質問（FAQ）」はPRのためにある！

オファーをもっと説得力のあるものにするには、さらに3つの追加条件がある。1つは「よくある質問」のページ（あるいはどこでもいいが、よくある質問に答える場所）、もう1つは信じられないほどすばらしい保証、そして最後に、顧客の期待以上のものを与えることだ。順に詳しく見てみよう。

追加条件① よくある質問——または「私があなたに知ってほしいこと」

「よくある質問（FAQ）」のページは、質問に答えるためにあると思っていないだろうか。とんでもない！　それは違う……少なくとも、それが唯一の役割ではない。よくできたFAQのページには、もう1つ非常に重要な目的がある。**「反論つぶし作戦」**と呼べるものだ。

つまり、潜在的な買い手に安心を与え、反論を抑えるのだ。あなたは、予想される反論を先取りして考え、あらかじめそれらに対処しておかなければならない。

どんな反論が寄せられるだろう？　それは、「具体的なもの」と「一般的なもの」の２つのカテゴリーに分類される。具体的な反論は個々の製品やサービスに結びついたものだから、それぞれのオファーを確認しなければ、どんな反論が来るのか予想もつかない。

しかし一般的な反論は、ほとんどあらゆる商品の購入にともなって同じものが現れるから、ここで知っておこう。

a　本当に効果があるとどうしてわかる？

b　あなたに自分のお金を任せていいかどうか確信が持てない

c　他の人はどう思っているだろうか？　評判は？

d　お金を払わなくても手に入るのではないか

e　オンラインで個人情報を送るのは心配だ（あるいはその他のプライバシーに関する懸念）

これらの反論を１つずつ見ていくと、本質的な問題は**信頼と権威**に行きつく。反論を克服するには、顧客の信頼を育てなければならない。オファーをつくるときには、あらかじめ反論を考え……自分に有利なように方向転換させよう。

具体的には、次のようにする。

a' これは実際に効果があります。なぜなら……

b' 私たちを信頼してお金を預けてください。なぜなら……（あるいは、私たちを信頼する必要はありません。なぜなら私たちは実績のある第三者機関と提携して……）

c' 他のお客様からは高く評価され、このようなコメントをいただいております……

d' この製品やサービスは無料では手に入りません（あるいは、無料のバージョンは品質が劣ります。自分で手に入れようとすると大変な手間がかかります）

e' セキュリティは万全で、過去に一切、そうしたトラブルは起きていません

ポイントは、言い訳がましくならず（なんとしても避けたい）、顧客の懸念に積極的に対処することだ。

自分のオファーを説明するときは、次の「すごい！　フォーマット」を使うとよい。

①この商品はとてもすごい！（最大のベネフィット）

②こんなことまでできる。冗談抜きですごい！（2次的ベネフィット）

③しかも、あなたは何も心配する必要がない（懸念に対する対処）

④ほら、本当にすごいでしょう。何をぐずぐずしているんですか？（行動を促す）

準備しておけば万全とは限らない——ときには最初の販売プロセスの最中に、実際の顧客から新しい反論が届くかもしれない——それでも、最初にもっとも重要な反論に対処しておいたおかげで、何もしなかった場合よりもはるかにいいスタートが切れるだろう。

追加条件②　信じられないほどすばらしい保証——または「ご心配いりません」

売り物が何であろうと、多くの見込み客が抱える最大の懸念は常に決まっている。

「気に入らなかったらどうしよう？　お金を取り戻せるだろうか？」

この懸念を解消させる一般的かつ効果的な方法は、満足保証を提供することだ。

ここからが重要。**保証を複雑で面倒で嫌気のさすものにしてはいけない**。顧客にあまり考えさせないように、シンプルで簡単なのがいちばんだ。

スノーボードのレッスン・プログラムを運営しているネブ・ラップウッドは、「120パーセントの保証」を提供している。もしプログラムに満足できなかった場合、費用の100パーセントを返金し、**さらに迷惑料として20パーセントを支払う**というものだ。

すべてのビジネスが、「信じられないほどすばらしい保証」を提供できるわけではないが、条件をわかりやすくするのは最低限必要だ。

逆に、製品やサービスをあえて保証しないで、その点を強調するのも1つの手だ。保証がないという点で顧客はふるいにかけられる。合わない顧客は遠ざかっていくだろうが、そのかわり、それでもいいという顧客の購入は増加するだろう。

つまり、信じられないほどすばらしい保証を提供するか、さもなければ一切保証しないほうがいい。

追加条件③　期待以上のもの――または「マジ？　ここまでスゴイとは思ってなかった」

何かを購入した直後、私たちはしばしば不安に襲われる。

「いい買い物だったかな？　損してないかな？」

ネット注文などの場合、こうした不安を払拭《ふっしょく》し、「買ってよかった」という気持ちを強化するもっとも簡単で効果的な方法は、**できるだけ速く商品を届けること**だ。一歩進んだ上級編もある。期待以上のものを届けることだ。手書きの礼状を添える、おしゃれな袋に入れる（これらは店舗で売る場合にもできる）、などの方法が考えられる。

これら3つの追加条件に共通するのは、「顧客の不安を取り除けば、それはアピールポイントに変わる」という、魔法の力だ。

それから、最後にもう1つ。サービスにプラスアルファの魅力を生むのはいつでも、「小さくても意味のあるもの」だということも、一緒に覚えておいてほしい。

KEY POINTS

□オファーは、顧客が受け取る「直接的ベネフィット」に結びつけよう

□人々がほしがるものと、ほしいと言うものは必ずしも同じではない。その差の見極めに力を注ぐこと

□オファーをつくっているときは、反論についてよく考え、それらにあらかじめ対処しよう

□いいオファーとすばらしいオファーの違いは緊急性（適時性ともいう）だ。顧客が、いま行動しなければいけない理由は何だろう？

□誰かが何かを購入したり、あなたを雇ったりしたときは、すぐに保証を与えて安心させよう。そして顧客の期待を超えるような、小さくても意味のある方法を見つけよう

第8章　本日発売！

「待ってました」と思わせる準備から「買ってよかった」と言われるフォローまで

毎年、数多くの大作映画が、５０００万ドル（50億円）を超える大金を投じてつくられる。だから、封切り後の１週間に驚異的な興行成績を上げられなければ、いくら名作と呼ばれようとも、制作費を回収できるヒット作にはならない。

何を観るか決めずに映画館に行く人もいるが、たいていの場合は最初からお目当ての映画があるものだ。前評判を聞いて期待と興奮が高まれば、一層その映画を観たくなり、友人ともその話をするだろう。

ハリウッドが期待作のために何か月も、ときには1年も前から「予告」を始めるのにはそういう理由がある。劇場で予告編を流し、インターネット上のキャンペーンで話題を盛り上げ、映画が実際に完成するずっと前からＰＲ戦略を練る。

一般公開の日が「やっと」来るまで、まだかまだかと心待ちにしてもらえれば、キャンペーンは成功だ。積極的な予告なしでは、どんなにすぐれた作品でも商業的な成功の見込みは恐ろしく低くなる。

同じ原則が1万円起業にも当てはまる。

ハリウッド映画だろうと靴下編み教室だろうと、見込み客や既存客とのたゆみないコミュニケーションがなければ、順調な滑り出しは望めない。長期にわたって予告編（最初は短いもの、その後は長いもの）を発表する映画会社や、長いあいだスティーブ・ジョブズがプレス発表を仕切って（将来の製品への期待をいやがうえにも高めて）きたアップル社を見本にして、マイクロビジネスは小規模なりの方法で、この原則を踏襲《とうしゅう》できる。

◇「売り尽くしセール」の正しい作法

カロル・ガジャとアダム・ベーカーは友人同士で、別の場所で別のビジネスを営んでいたが、あるプロジェクトのために協力し合うことに決めた。

カロルは大学の工学部を卒業したが、実際にエンジニアとして働いた経験はなかった。最初にそのプロジェクトを思いついたのは、90年の歴史を持つマーケティングの古典『広告マーケティング21の原則』（伊東美奈子訳、翔泳社刊）を読んだときのことだ。著者のホプキンスは、数十年にわたって家具屋で用いられてきた「処分特売」――昔ながらの「売り尽くし」――の手法について論じていた。カロルは家具屋のオーナーではなかったが、ふと考えた……値打ちの高いものを安く売る、か。**期間限定で現代版の「処分特売」**を企画したらどうだろうか？

メディア関連の仕事に携わっていたカロルとアダムは、まず仲間に参加を呼びかけるところから取りかかった。キャッチコピーは魅力的だった。

「みんなが売ってる商品をひとまとめにして、期間限定で安く売りませんか。ついでにそれぞれのウェブサイトを読んでいる顧客やファンにこのオファーを宣伝してくれたら、自分が売った分の手数料の80パーセントが受け取れます」

こうして声をかけた25人のうち、23人が誘いに応じた。その全員が、事前予告の重要性を理解し（あるいは手数料に釣られただけかもしれないが）、徹底的に宣伝をしてくれた。

最終的に、パッケージ商品は定価なら1054ドル（10万5400円）相当のものになった。カロルとアダムはそのパッケージを、総額の10パーセントを下回る97ドル（9700円）で売ることにした。このオファーは72時間のみ有効で、限定期間が過ぎたら再販売の予定はなかった。

いよいよ発売日が来て、彼らはオファーをオンラインにアップした。10分経過。何事も起こらない。

カロルはじっとパソコン画面を見守り、アダムは爪を噛んでいた。何かまずかったのだろうか？　うれしいことに、そうではなかった……人の目に触れるのに10分は必要だった、というだけのことだった。最初はとぎれとぎれだった訪問者が続けてくるようになり、しばらくすると洪水のように押し寄せた。オファーを伝え聞いた人が次から次へと購入に訪れる。バン！　サーバーはダウンし、カロルのGメールアカウントは「入金のお知らせ」を何度も何度も表示した。

洪水はその日1日続き、2日目はやや衰えたが、最終日の3日目の終わりに再び勢いを取り戻した。騒ぎが静まったあと、カロルとアダムは売上を計算した。眠る暇もなかった三日三晩の総売上は18万5755ドル（1857万5500円）。これが周到に準備された新製品発売の力だ。

◇ハリウッド映画に学ぶ新作発表の手順

あらかじめ計画を練った新製品発売キャンペーンは、単に新製品をポンと出して「さあどうぞ」と言うより、はるかにいい結果をもたらす。

通常、キャンペーンはあなたがオーディエンスに送る一連のメッセージで展開していく。ハリウッドの例を心に留めておこう。いちばんやってはいけないことは、誰にも知らせずに映画を公開することだ。そんなことにならないように、新製品にまつわるストーリーを見込み客に伝えていくべきだ。ステップは次の通り。

ステップ①　まず、「とにかくすごい」だけを伝える

これから予定している新製品発売についてはじめて触れるときは、あまり詳しい内容を明らかにしないほうがいい。次のように、単に注意を引く程度にとどめておくと効果的だ。

「今、面白い仕事にとりかかっているところです。でき上がったらすごいものになると思います！　だけど、今言えるのは制作中ってことだけなんです」

目標は、最終的に発売される製品に対して、ゆっくり期待を高めていくことだ。

ステップ② なぜこのプロジェクトは重要か

新製品発売について早い時期に知らせておきたい（そして継続的に念を押しておきたい）もっとも大切なメッセージは、見込み客や顧客にとって、「なぜそれが大事か」という点だ。誰もが毎分毎秒、メッセージ攻撃にさらされている。そのなかで、このプロジェクトが誰の目にも留まらなくても不思議ではない。だから、あなたは次のようなメッセージを伝えなければいけない。

「こういう理由でこのプロジェクトは革命的です。利点はこうで、あなたにとって大切な理由はこうです」

ステップ③ 具体的な発売情報

前の2つのメッセージは、実際の新製品について述べたものではなかった。このあたりで、具体的な情報をいくらか提供しよう。時期はいつか？　どのような方法にするのか？　早めに購入すると特典があるか？　そしていちばん重要なのは、今の時期に知っておくべきことは何か、という点だ。

ステップ④　さあ、発売はもうすぐです！

この情報は発売の直前、場合によっては1日前に伝える。メッセージの内容はこうだ。

「これは嵐の前の静けさです。私たちは待ち望んでいた瞬間に近づいて、胸を高鳴らせています」

直前のリマインダーと新製品発売の詳細がここに含まれる。目標は、期待を実際の決断に変えることだ。

ステップ⑤　やった！　いよいよだ

メッセージの内容は「ついに発売です！　みんなが待ち望んでいた瞬間が来ました」。この連絡は、他のものに比べれば短い。ここまでの積み重ねがうまくいって

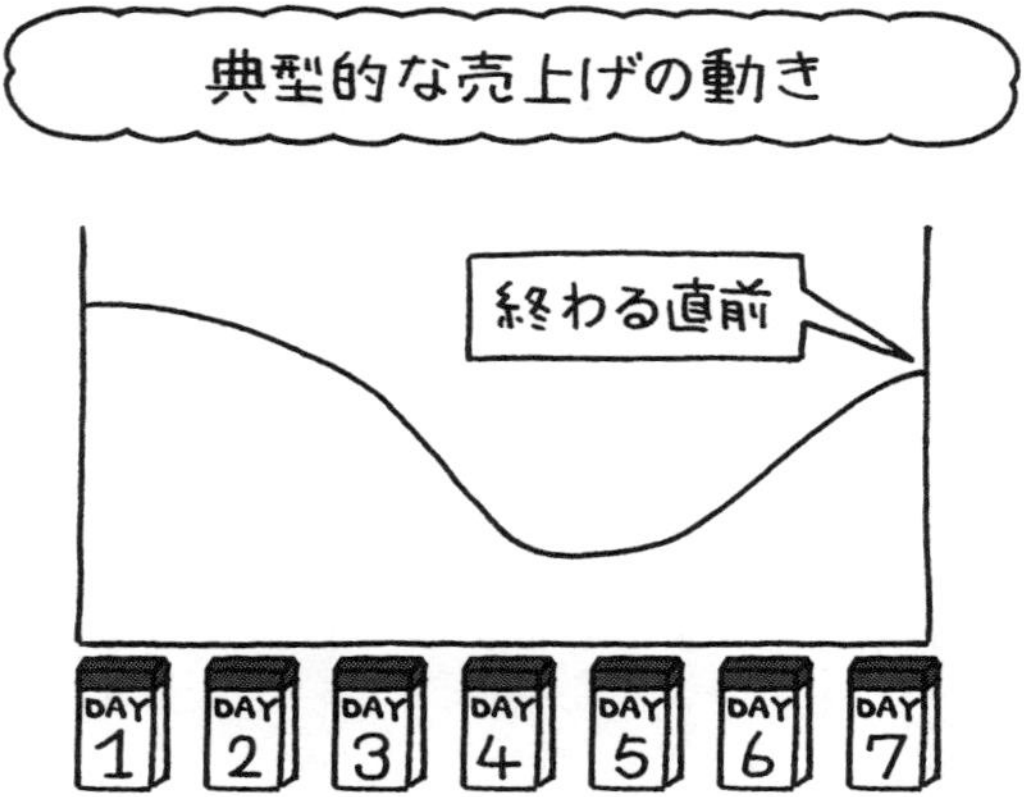

いれば、多くの買い手がすでに買う気満々のはずだからだ。このメッセージにはリンクをつけて（あるいは別の購入方法を設けて）、行動を促そう。

ここでひと息。

このあとすぐに起こることは、これまでに起きたことと同じくらい重要だ。すぐれた売り手は、ほんの少しの努力で売上を大幅に増やせると知っているので、けっして現状に満足したりしない。新製品発売は、多くの場合上のようなサイクルをたどる。

新製品発売が1週間続くとしたら、初日と2日目に鋭い反応があり、その後は大きく落ち込んで、終了間際になってふたたび大幅な上昇が見られるだろう。

新製品発売に1つのサイクルが必要な理由がこれで説明できる。終わりがなければ、上昇もないのだ！　発売してそのまま放っておけば、売上増加のチャンスを失ってしまう。

では話の続きに戻ろう。

ステップ⑥ リアルタイム情報の発信

新製品発売時には、必ず何かトラブルが起きる。**さあ、あなたの誠実さを知ってもらうチャンス到来だ。**

逃げずに問題に取り組み、修正すると同時に、進行状況を全員に知らせること。この機会に、「すでにこの製品を利用して効果を上げているお客様の体験をご紹介します」という一文とともに購入者の声を伝えよう。

欠点があってもなくても、新製品発売にあわせ、製品を一部無料で提供したり、「体験会」で展示したりする戦略もよく使われる。その類いの情報もあれば、随時発信していく。
ずっと売り続ける商品ならここまででいいが、期限が決まったセールの場合は、次のような続きがある（1万円起業では、商品をつくりすぎる前に反応を見るためにも、商品を準備できる数からも、期間限定にするメリットが大きい場合が多い）。

ステップ⑦チャンスをお見逃しなく——終了期限を伝える

オファーを市場から取り下げる前、特典を終了する前、あるいは値上げ前は、最後のひと押しをするチャンスだ。
「もうすぐ終わりです。おトクな最後のチャンスをお見逃しなく」

ステップ⑧「ありがとう、また会いましょう」

発売期間が終わるときには、たとえそのオファーが別の形でまだ手に入るとしても、感謝を伝えて区切りをつけよう。メッセージは「これですべて終了です。みなさんありがとうございました。次回はこういうものを発売する予定です」となる。

◆約束を守る

人生のすべてにおいてそうであるように、新製品発売においても約束を守ることが大切だ。

あなたのオファーが予定通りの日時に終了し、多数の注文があったとしたら、オファーの終了後に必ず次のような要望が来る。

「何とか買いたいんですけど！　特別に売ってくれませんか？」

この調子ならまだまだ売れる、と心を動かされるかもしれないが（実際に売れるだろう）、終わると言ったのなら、終わらせなければならない。

長い目で見れば、そのほうがあなたのためになる。あなたは嘘を言わない人間だという評判が立つからだ。

カロルとアダムのもとには72時間の限定期間が終わったあとも、パッケージ商品を買いたいという注文が引きも切らず届いたが、彼らは丁重に断った。

もう１つ言っておきたいことがある。**もしあなたが製品の欠陥、弱点、あるいは**

限界を認めたとしたら、それはあなたの損になるどころか、むしろ役に立つ。

なぜなら購入するかどうかの判断において、私たちは製品の強みと弱みを両方考慮したいと思うからだ。製品開発者が面と向かってその製品は完璧でないと言い、「なぜなら……」とその理由まで打ち明けてくれたら、信頼はさらに高まるだろう。

このメッセージのスタイルは、2012年のオバマ大統領の再選キャンペーンでも見られた。ある再選賛成派は次のような演説をした。

「何もかもオバマに賛成するわけではありませんが、彼を尊敬し、信頼しています」

確信のなさを告白すると同時に、自分の主張を述べているわけだが、そうしたほうが手放しで絶賛するよりも有権者の心をつかむ。

あなたが送るすべてのメッセージ（メールであれ、ほかの手段であれ）について、いくつかの性質に注意する必要がある。

述べた通り、第一の、そしてもっとも重要な性質は、いいストーリーを語ることだ。しかし、最高のストーリーといえども、それだけで十分とまでは言えない。

次に必要なのは、私が**「関係可能性」**と呼んでいるものだ。

新製品発売について聞いた人が、そのストーリーを自分と関連づけて考えられるか。その人は、自分を**あなたのストーリーの登場人物の1人**として考え、その新製品がどのように自分たちの役に立つかをはっきり理解できるだろうか？

最後の要因は「時期の適切さ」で、これは「いい結果（まあまあ）」と「すばらしい結果（すごい！）」を分ける決定的な差になる。

ただちに必要なものではなかった場合、顧客はそのオファーを評価して興味を示すかもしれないが、買うという行動に踏み切らずに終わってしまう。そういう人には無理やり買わせるのではなく、「今いらないかもしれませんが、いつかいるかもしれません。そのときは売っていませんよ？」という切迫感を植えつけなければならない。

◆関係がなさそうな知り合いにも頼む

ある自費出版社が完全にオフライン、つまり一切インターネットとは無縁の方法で、地元密着型の新製品をうまく発売した方法を見てみよう。

アナスタシア・バレンタインは児童書を出版していて、以前は「販促に莫大な予算をかけられる大企業」と仕事をしていた。当然、自分で新しい本を発売するために同じ手段は使えなかったが、彼女は時間をかけて特別なイベントを準備しようと考えた。

最初に取りかかったのは依頼――あらゆる知り合いへの協力の依頼だった。

「頼みたいことをどうやってふるいにかけたらいいかわかりませんでした。だからふるいにかけるかわりに、あらゆる人にあらゆることを頼みました。新聞記事、テレビ出演、推薦の言葉、大きなパーティのための寄付。思いつくことは何でもです」

彼女が受け取ったのは好意的な反応ばかりだった。発売日にはドアの外まで続く行列ができ、彼女は並んでいる人たちが楽しく過ごせるように気を配った。児童書を買いにくる大人はたいてい子ども連れなので、塗り絵ができるコーナーを設け、手づくりのゲーム大会を開いた。

オフラインのイベントだったにもかかわらず、ウェブサイトへの訪問者は267パーセント増加し、メーリングリストは倍になった。頼むことを覚えたのは勉強にもなった。

「関心がないだろうと思っていた人たちがたくさん来てくれたんです。友だちを連れて！　その一方で、きっと興味があるだろうと思った人が、返事さえくれなかったりしました。あの人は興味がないだろうとか、来ないだろうとか、買ってくれないだろうとか、一切決めつけてはいけないと学びました」

◆発売後――まだ終わったわけじゃない

発売後はひと休みしたい誘惑に駆られるかもしれない。実際、お祝いや息抜きになることを何かするべきだろう。しかし、のんびりしすぎてはいけない。なぜなら、反応を観測し続けることが非常に重要だからだ。

とはいえ、クレーマーは無視すべきだ。どんな値段で何を売っても、不満を訴える人は必ずいる。そういう人の態度を変えようとしても無駄だから、ただ受け入れるしかない。要求に応えようとしないこと。

大切なのは、もっと広い範囲への目配りだ。購入してもらったあとの評判はどうだろう？　オファーやメッセージのスタイルはどう見られている？

注意しなければいけないのは、新製品発売の目標は、単にできるだけ多くの見込み客を実際のお客に変えることだけではないということ。将来の見込み客を増やしておく、という意味もあるのだ。

発売プロセスのあいだ、多くの人があなたに関心を持っていた。あなたが手に入れたのは利益だけでない。注目と信頼もだ。買わなかったなかにも、ギリギリまで迷った人もいるだろう。もしかするとこの先何か別のもので、彼らの役に立てるかもしれない。

常に、いちばん大切な価値に関する問いに立ち返ろう。

「どうすればもっと人の役に立てるだろうか？」

大成功した新製品発売のあと、将来を見据《みす》えたカロルとアダムは、より多くの売上、顧客、影響をもたらす新しいビッグ・プロジェクトを計画している。

KEY POINTS

□上手な新製品発売はハリウッド映画に似ている。ずいぶん前から噂が聞こえはじめ、公開直前にはその話題でもちきりになり、それから公開を待ちかねた人びとが列をなすのが見られる

□予告した通りに、約束は守ること

□ありとあらゆる知り合いに、協力をお願いしてみよう。思いがけない人が、思いがけない役割を果たしてくれるだろう

□共感されるストーリーを語るとともに、時期の適切さも忘れずに考えよう。なぜあなたのオファーに今注目しなければならないのか？

第9章　売り込みは穏やかに

宣伝はセックスのようなものだ。負け犬だけがそのためにお金を払う

ボストンからおよそ200キロメートル離れたニューハンプシャー州の田舎で、毎年2回、数百人の芸術家と芸術愛好家が集まるイベントが開かれる。現地に集まる前に、参加者の多くがインターネットに接続し、カーシェアリングを申し込んだりオフ会を計画したりする。湖畔《こはん》のコテージに落ち着くと、プロの芸術家からのレクチャーのあと、昔ながらの友人も新しい友人も分け隔てなく集まって過ごす。

催しが始まったのは5年前のこと。主催者のエリザベス・マクレリッシュには2つの願いがあった。もっと他の芸術家と交流したい。それから、この田舎の土地にもっと共同体としての感覚がほしい――。

「それで、芸術を愛する人みんなで週末に集まろうって、友だちに呼びかけたんで

す」

集まるのは数十名程度だろうと思っていたら、参加者は135名にのぼった。そのほとんどは西海岸から来ていて、彼女が予想していたささやかな集まりとは程遠かった。こうして誕生した集まりは、湖の名をとって「スクアム・アート・ワークショップ」と呼ばれることになった。

最初は年に1回、そのうちに年に2回になった。参加者の3分の1はプロの芸術家で、3分の2はふつうの仕事に就きながら、美術や工芸を趣味で楽しむ「一般人」だ。今では数百人が参加するこの集まりは、毎回満員御礼の盛況ぶりを見せている。

規模が大きくなりすぎたと感じたとき、エリザベスは宣伝を一切やめたが、純粋な口コミだけで申し込みは増え続けた。スクアムが3年目を迎えた年には、要望に応えて別の場所で出張ワークショップを開き……後悔する羽目になった。てんやわんやの騒ぎに疲れ果て、翌年は「規模を縮小し、内容を吟味《ぎんみ》」しながら過ごすことに決めたのだった。

スクアムに登録するには、参加費と必要事項を「郵送」する必要がある。この古いやり方を変えないのは、エリザベスが仲間たちとの緊密なつながりを維持するためだ。また、新しく参加した人が気まずい思いをしないように、コテージの割り振りを慎重に決め、知り合いだけで固まるのを防いでいる。

スクアムの出張を求める誘いはイギリスやオーストラリア、それに北アメリカの十数都市から届いているが、エリザベスはすべて断っている。

「**私はただ、友人と集まるプランを立てただけ。**ビジネスマンではありませんし、自分が正しいと信じることをしているだけです。それがどんどん面白くなっていくんですよ」

金儲けに反対ではないが、自分が不愉快な思いをしてまでビジネスを発展させたいとは思わない。確固たる信念があったからこそ、彼女が個人的なプロジェクトとして始めたワークショップは、持続可能なビジネスに成長したのだろう。

5年後、スクアムを運営し、それを正しい方向に発展させることがエリザベスの本業になった。ちなみに、同じようなワークショップが少なくとも8つ誕生しているが、その多くはスクアムに参加した経験があり、それを再現したいと考える人がつくったものだ。

だがそれは問題ではない——本来のスクアムは、自分のためにする経験だからだ。

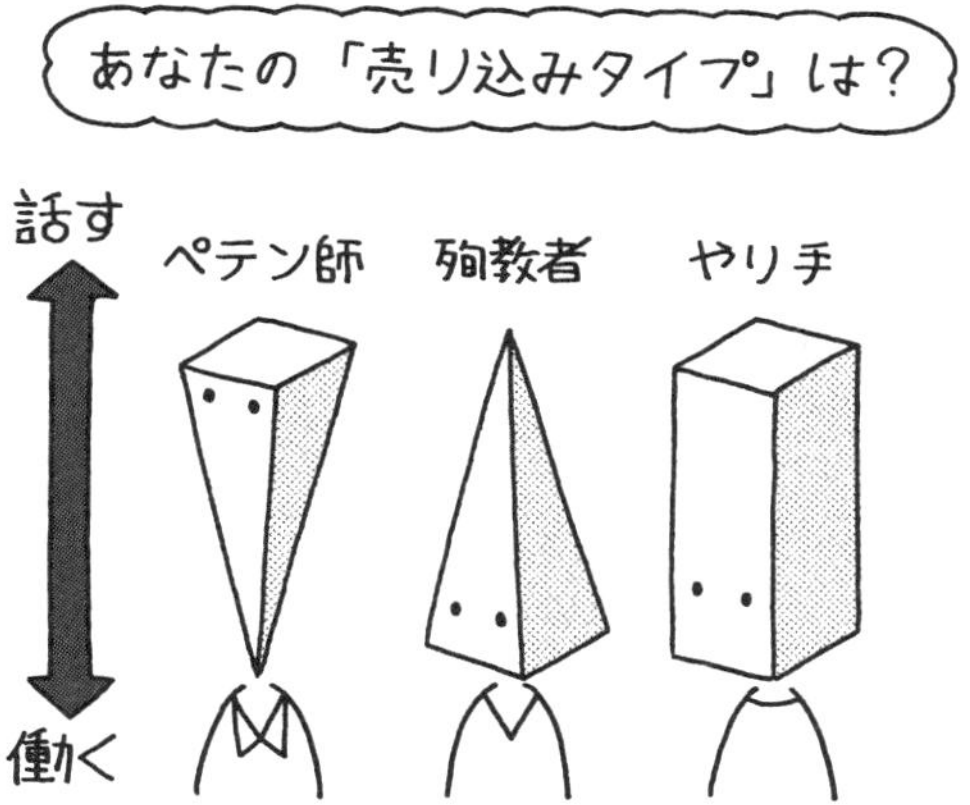

◆話すに値するものをつくり、話せ

この章では**「売り込み」**について、言い換えれば**「プロジェクトに関する情報を広める方法」**について取り上げる。

売り込みとは何を意味するのだろうか？

この問いに答える方法はいくつかあるが、私はジョーイ・ロスが考えた上のモデルから考えるのが好きだ。

３つの図は、何かを売り込みたがっている人物またはビジネスのタイプ（またそれぞれの成功の可能性）を表している。

「ペテン師」は口先だけで、主張を裏づ

けるものが何もない。

「殉教者《じゅんきょうしゃ》」はひたすら不言実行で、話すに値するいい仕事を十分しているのに、話をするつもりがないか、できない。

「やり手」はこの2つのタイプの理想的な組み合わせで、話と仕事が融合している。図の「やり手」のイメージは、私が物書きや起業家として毎日やろうとしていることに近い。つまり、ひたすら創造し、ひたすらコミュニケーションする。コミュニケーション（言い換えると、話）は、必ずしも今やっている仕事に関係があるとは限らない——ときには他人の売り込みを手伝っている場合もある。

さて、さっきの分類を別の角度から見ると、次のようにもいえる。

中身のない表現＝こけおどし

（残念だが、こういう輩《やから》は誰からも尊敬されない）

表現のない中身＝無名

（知っている人からは尊敬されるが、多くの人に広がることはない）

中身のある表現＝影響力

（目指すのはこれ！）

プロジェクトを立ち上げようとするとき、どうやって「殉教者」から「やり手」に変身すればいいのだろうか？

簡単なことだ。時間をかけて話すに値するものをつくればいい――ペテン師にならないように。それから、あらゆる知り合いに協力を頼もう。少なくとも50名のリストをつくり、カテゴリー別に分類する（以前の職場の同僚、大学時代の友人、知り合いなど）。プロジェクトが少なくともベータ版（開発途上段階）として見せられる状態になったら、彼らにすぐ連絡しよう。文面のサンプルはこんな感じだ。

どんなに口ベタな人でもできる売り込みフォーマット

こんにちは、［相手の名前］

私が現在進めている新しいプロジェクトについていち早くお知らせしたいと思います。

［ビジネスやプロジェクトの名］というもので、［主なベネフィット］を目的にしています。私たちは［大きな目標、改善点、アイデア］したいと考えています。

あなたを何かのリストに載せたり、迷惑メールを送りつけたりはしませんので、ご安心ください。ただ、もしこのアイデアが気にいって、お手伝いいただけるのであれば、以下のようなご協力をお願いします。

［アクション内容1］
［アクション内容2］

お読みいただいてありがとうございました。

ここで注意が必要だが、あなたは不特定多数にメッセージを送っているわけではないし、誰かの個人情報を世間と共有しているわけでもない。

内容はほぼ同じだとしても、１通１通のメッセージは個人的なものだ。また、あなたはそのプロジェクトを「売り込もう」としているのではない。

ただ、自分が今何を手がけているのかを伝え、気に入ったらさらに協力してほしいと**誘っているだけだ**。

アクション内容はそれぞれ違うが、連絡リストに名前を載せる（そうすれば今後も連絡する許可が得られる）など、プロジェクトの拡散につながる依頼をしよう。

◇タダで与えれば、タダで受け取れる

魔法でも使えば別だが、何かをつくったら人に知らせなければダメだ。仕事の半分は建物を建てることで、もう半分はそれを売ることだとしたら、どうやって売ればいいのだろうか。達人の例をいくつか見てみよう。

「開店してから最初の5週間は一切宣伝にお金を使いませんでした。かわりに開店資金の半分以上を使って、私たちの店があるレンガ造りのビルに、10×15メートルの大きさで色鮮やかな壁画を描いてもらったんです。どんな広告よりはるかに人目を引きました」――カレン・スタール（インテリア業）

「僕たちのトライアスロンとアイアンマン・ディスタンス競技用トレーニング・プログラムは、値段設定で工夫しています。講習費というものは値上げしようとするのがふつうですが、僕たちは会員がプログラムを長く続ければ続けるほど、その報酬として値下げしています。なぜなら経験豊富な会員ほど他の会員の力になれる……そして新規会員の勧誘も積極的にしてくれるからです」――パトリック・マクラン（エンデュアランス・ネイション）

第1章と第3章に登場したドレスメーカーのミーガン・ハントの売り込み方も紹介しよう。彼女は自分のやり方を「戦略的贈与」と呼んだ。

「その年の新作ドレスを売り出すときは、影響力のある2、3人のブロガーに連絡して、その人たちのために特製のドレスをつくります。もちろん無料で。ブログに書いてもらえれば、それを見て新しいお客様がどっと増えます。

でも、いちばん重要なのは、私がお客様を大切にしていることです。品物を無料で翌日配達にしたり、注文の品を倍にしたり、手書きのカードをつけて大好きな本を一緒に贈ることはよくありますね。大切な友だちへの贈り物のように商品をラッピングして送るのも好きなんです。この業界で短期間に成長し、人気を獲得できたのは、この戦略の効果が非常に大きかったと思います」

彼女は、**「タダで与えればタダで受け取れる」**という原則を理解している。受け取ったのは顧客の信頼であり、それは今後の購買につながる最高の見返りだといえるだろう。

次に紹介する話も、ほとんどタダに等しいものを差し出した例だ。

不況で仕事が減り、所属していた建築事務所を解雇された建築家、ジョン・モアフィールドは、シアトルに店を開き、「5セント（5円）建築アドバイス」という看板を掲げた。5セント玉と引き換えに、マイホーム所有者や不動産業者など、あらゆる人が持ち込む問題を考えてあげる。

5セントアドバイス自体はもちろん儲けにならないが、それをきっかけに新規ビジネスにつながる可能性はあった。ただ、ジョンは5セント以上のものは期待せず、誠実にプロならではのアドバイスを与えていた。

「5セント建築家」の名が広まると、ジョンはニュース専門局CNNやラジオ放送局、さらにはイギリス国営放送BBCをはじめとする数え切れないメディアで取り上げられ、無料で宣伝するチャンスを得た。注目を浴びたおかげで――そしてアドバイスで獲得した新しいクライアントのおかげで――ジョンは今や失業前のような雇われの身ではなく、個人事業主の建築家になった。いまだに会社勤めの職を得ようとしている同業者に、大きな差をつけたわけだ。

◇コンテストと景品を使い分けるコツ

自分のビジネスが最近どうも影が薄い気がする?

注目を集めたいなら、コンテストや景品に勝るものはない。15ドル（1500円）の本を差し上げますとフェイスブックにたった1回投稿しただけで、毎回1000件を超えるコメントが寄せられる。私はいつも不思議に思っていた。「最後の1人は何を考えているんだろう？『999人が参加しているけれど、当たりくじを引くのは自分かもしれない』とでも？」

そのうちに、**大事なのは景品を当てることではなく、参加することなのだ**と気づいた。友人がみんな名前を書き込んでいるのなら、同じようにしたっていいじゃないか？

コンテストと景品の違いは簡単だ。「コンテスト」は何らかの競争や審査をともなうが、「景品」は無作為抽出で選ばれた人にタダで与えられる。

それぞれに利点も難点もある。ふつう、コンテストは参加者と主催者の両方に手間がかかるが、関心を集める効果は高い。

一方、景品は簡単で手っ取り早く大量の参加者を呼び込めるが、名前（と正解がわかりきったクイズの答え）を書く以外にすることがないため、あまり真剣な参加は望めない。もっともいい結果を出すには、2つの方法を両方とも時間をかけて試してみるといい。

◇「100万円かけた宣伝」と「自力で無料の売り込み」、勝ったのは?

「将来、マーケティングはセックスと同じようになるだろう。そのためにお金を払うのは負け犬だけだ」

あまりにも有名なこの言葉は、2010年12月のファスト・カンパニー誌に初登場した。いいことを教えてあげよう。時代はとっくにそうなっている。

負け犬に限らないかもしれないが、マーケティングにおいて、有料の宣伝の役割はずいぶん前から様変わりしている。私が聞いたケーススタディのほとんどは、有料の宣伝をまったく使わずに顧客ベースをつくっていて、その多くを口コミに頼っていた。

あるとき私は、有料の宣伝と無料の売り込みを比較する非科学的な試みを実行してみた。1か月かけて、自分がやっている「トラベル・ハッキング・カルテル」のために厳選した宣伝とスポンサー契約に1万ドル(100万円)をつぎ込んだ。

	有料の宣伝	無料の売り込み
宣伝コスト	1万ドル （100万円）	0ドル
使った時間	2時間 （準備のため）	10時間
新規顧客	78人	84人
新規顧客の推定価値	7020ドル （70万2000円）	7560ドル （75万6000円）

一方で、10時間かけて売り込みをし、ゲスト投稿を書き、別のサービスとのジョイントベンチャーを募集し、ジャーナリストに連絡するなどの行動を取った。

その結果は上のようになった。

私が自分だけで売り込んだ場合の1時間あたりの価値は、756ドル（7万5600円）ということになる。

どちらが勝ったかはっきりしただろうか？　私はそう思うが、これにはいくつかのただし書きがつく。

まず、私には他の人にはないコネがあって、そのコネのおかげで1時間当たりの売り込み価値が高くなったのだろう、と思われるかもしれない。

この指摘は部分的には正しい面もある。しかし売り込みで肝心なのは、自分の持っているコネが何であれ、それをうまく利用することだ。誰もが1時間の売り込みで756ドル（7万5600円）稼ぐのは無理かもしれない。しかし場合によっては、もっと売り込み価値を高くできた可能性さえある。

また、売り込みに無限の時間をかけられないというのも事実だ。もし私の使えるお金が1万ドルではなく10万ドル（1000万円）だったら、状況は変わっていたかもしれない。売り込みと有料の宣伝（くどいようだが、厳選したもの）の組み合わせが、人によっては現実的な選択肢になるだろう。

自分で売り込みをすることは、あなたを前進させる力になる。ビジネスを周囲に広めたいと思うなら、まず売り込みを考え、有料の宣伝は（もしやるとしても）あとからにしよう。

話すに値するものをつくって、それについて話す。

あなたは誰を知っている？

その人たちはどんなふうに力になってくれる？

その答えは、あなたがどれくらい人の役に立っているかによって決まる。

KEY POINTS

□ビジネス開発のために使える時間をどう割り振ったらいいかわからなければ、50パーセントを創造に使い、残りの50パーセントを人とのつながりに使おう。情報伝達のもっとも強力な流れは、たいていすでに知っている人たちから始まる

□売り込みはギブアンドテイク。タダで何かを受け取りたければ、その前にタダで何かを与えよう

□コンテストは景品より手間がかかるが、注目度も高くなる。場合によって使い分けよう

第10章　儲かり続けなければ仕事じゃない

安定した収入を実現する仕組みづくり

ナオミ・ダンフォードは高校を中退し、十代で母親になった。間をおかずに第二子を妊娠したときは生活に行き詰まって、自立支援施設で暮らしていた。臨時の仕事にありついてやっと施設を出ると、何とかして人生を立て直そうと決意。どう見ても不利な立場——17歳で子持ち、しかも高校中退——にもかかわらず、彼女にはささやかだが頼れるものがあった。

父親が裸一貫からビジネスを築き上げるのを見て育ち、その方法を学ぶ機会があったことだ。母親はマーケティングの仕事をしていた。さらにさかのぼれば、祖父は広告業界で働いていた。言い換えると、マーケティングはナオミの血筋であり、彼女が生まれ変わった自分を想像するのは、あながち夢物語ではなかったのだ。

ナオミはコンサルティング会社を立ち上げ、「イッツィビズ」と名づけた。キャッチフレーズは、「マーケティング部門のない会社のためのマーケティング」。彼女が提供したサービスは、たった1種類だけだった。それは**ブレインストーミング**だ。1時間のコンサルティングで基本料金として250ドル（2万5000円）を受け取り、マーケティングのアイデアを検討し、改善案を提示する。文字通り、それだけだ。

そんなサービスにお金を払う人がいるのか（たくさんいる）、そんな価値があるのか（先を読めばわかる）と不思議に思うかもしれない。

ナオミはカナダの出身だが、私が会ったときはロンドンの母親の近くで暮らしていた。アウトドア衣料品を見て回りながら、私は自分のビジネスについて相談した。彼女は2分間話を聞いて、いくつかの質問をすると、ほとんど間髪を入れず「こうするといいですよ」と話しはじめた。

続けざまにいくつもの具体的な行動とアイデアを並べ立てたものだから、メモを引っぱり出して必死に書き留めなければならなかったほどだ。そのアドバイスを次のプロジェクトに取り入れてみると、次の年に少なくとも1万5000ドル

（150万円）を超える収入があった（私はナオミに250ドルの相談料を支払っていないが、こうしてその効果を宣伝しているのだから勘弁してほしい）。人脈が広がるにつれて、ナオミのビジネスは成長した。丸一年たったとき、ナオミはそれまでに20万ドル（2000万円）近い収入を稼いだ方法を短いビデオにまとめて発売した。

オンラインの世界にたちまち衝撃が走った。

ナオミはそれほど有名ではなかった——ネット上の有名人ではなく、ツイッターに100万人のフォロワーがいるわけでもない——し、たまたま彼女のウェブサイトを閲覧した人は、粗野な言葉使いと歯に衣を着せない独特な物言いに辟易《へきえき》してしまうこともあった。

何しろ記事には「腰抜けのあなたがすべきこと」だの、「ストーリーテリングのモラル：トップレス版（写真付き）」といったタイトルがついているのだ。でも、彼女のサイトの読者はいっこうに気を悪くする様子はない。

ナオミは、「お金が入り続ける仕組みをつくる」必要性を、クライアントに思い出させるのがうまい。単純に聞こえるかもしれないが、**忙しい起業家はついい、お金**

にならないプロジェクトや作業で手いっぱいになってしまうものだ。だが逆に、収入とキャッシュフローに集中すれば――他のことはすべてこの基準に照らして判断すれば――ビジネスは健全な状態を保てる。

ナオミの説明はこうだ。

「ビジネスの目的は利益だってことを忘れちゃダメです。好かれること、ソーシャルメディアで目立つ存在になること、誰も買ってくれないすごい製品をつくることではありません。見た目のいいウェブサイト、完璧なメールマガジン、超人気のブログを持つことでもありません。

大企業ならば、株主への説明責任というものがあります。株主に『フェイスブックではこんなに人気があるんですよ！』と言ったって、そんなことでは満足してもらえません。ビジネスは人気コンテストじゃないんですから、利益を示さなければいけないのです。

あなたの小さなビジネスでも同じなんです。**あなたは自分のビジネスの大株主だし、投資したお金を守る必要があります。**日常の行動ができるだけ直接、お金儲けにつながるようにしないといけないのです」

ナオミは正しい。お金儲けに関係ないことをやりたければいくらでもできる——しかし、そのせいでやるべきことを忘れないように注意しよう。

起業家の多くが犯す過ちが2つある。しかもその2つは関連している。1つは**プロジェクトを始めるためのお金をどこで手に入れるか考えすぎること**、そしてもう1つは**ビジネスによる収入がどこから入るのかほとんど考えないこと**だ。

これらの問題を解決する（あるいはそもそもそういう問題を避ける）には、簡単な方法がある。できるだけ出費を少なくし、できるだけたくさん稼げばいい。

◆調査が立証！ 起業にお金はいらない

子育て中にヒントを得て、ヘザー・アラードは2種類の「着られるベビー毛布」を開発し、世界的な流行を巻き起こした。その毛布はインターネット配信番組の「アクセス・ハリウッド」で特集され、200店舗以上で販売されたが、ついていけるのはそこまでだった。

2006年に3人目の子が生まれると、彼女は家族と過ごす時間を増やすために製品の権利を、大企業に売却した。これも起業における1つのハッピーエンドだ！

しかしヘザーは起業の世界からすっぱり手を引いたわけではなかった。自分の経験を他の女性、特に母親たちに伝えたい――そんな願いから、経済的な独立を獲得したいと願う忙しい女性を支援する目的で、新しいビジネス「ザ・モーグル・マム」を立ち上げたのだ。

ベビー毛布は大成功だったが、事業のための支出もかさんだ。その反省から、次は別のやり方をする必要があるとヘザーは考えていた。

「ベビー毛布のときは、起業のために負債を抱え、絶対に必要ないもの（特別あつらえのインターネット販売用ウェブサイト、宣伝係など）のために数千ドル（数十万円）も使ってしまいました。何が必要で何が必要でないか、わかっていなかったのです。同じことは繰り返したくありませんでした。次は、ブランドの確立と売上の拡大に継続的な効果があって、しかも私が家族とゆっくり過ごすために役立つものだけにお金を使おうと決めたんです。たとえば確実にＰＲしてくれる寄稿者への支払い、新しいコンピュータなどです」

ヘザーのストーリーは、２つの重要な、しかも両方ともお金に関係のある原則を示している。

まず、ビジネスは**常に利益を重視**しなければならない。

次に、**起業時の借金、あるいは多額の投資は、必ずしも必要ではない**。この点は本書の他の登場人物たちも証明してきたが、ヘザーは、不必要だったものに多額の投資をしてしまった苦い経験も教えてくれた。効果がわからないなら、大金を投じないほうがいい。

借金は、リスクを抑える手段があり、自分がやっていることをよくわかっている場合だけ許される、望ましくない選択肢だと肝に銘じておこう。

成功の可能性を減らさずに、限られた予算で起業するのはけっして不可能ではない。ケーススタディもそれを証明している。

- シェリー・ヴァーティはデンバーのグルメ客相手に、レストランや食品生産者を紹介するツアーガイドのビジネスを始めた。起業コストは28ドル（2800円）。最近の年間収入は6万ドル（600万円）

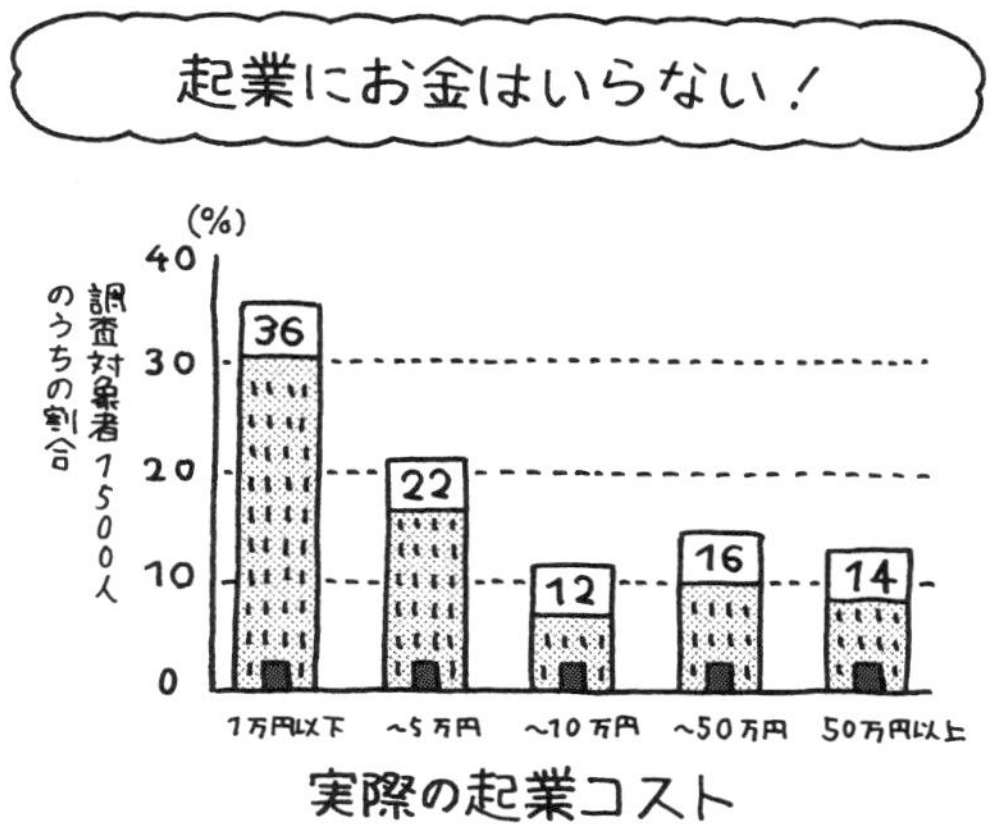

- タラ・ジェンティールは娘と家で過ごせるだけの収入を得ようと、80ドル（8000円）で小さな出版ビジネスを始めた。1年後、7万5000ドル（750万円）が稼げるようになり、夫も働きに出なくてすむようになった
- クリス・ダンフィーとシェリー・ヴ・アールは、健康管理事業者を対象にしたソフトウェア・コンサルタントとして、125ドル（1万2500円）で「テクノマディア」を設立した。現在、ふたりは世界中を飛び回って、7万5000ドル（750万円）を超える純利益を上げている

これらはけっして極端な例ではない。

本書の調査対象となった1500人の起業コストの範囲をグラフで見てみよう。初期投資の平均額は610ドル60セント（6万1060円）だった。

マイクロビジネスを始めるのはきわめて簡単だ。だから、ビジネスのやり方を心得るまで、あるいは心得ない限り、マイクロビジネス以外に手を出すのはやめたほうがいい。

スモール・イズ・ビューティフル。

たとえ大規模なビジネスをするだけの資金があるとしても、小さいほうがメリットのある場合が多い。

◆収益性をたちまち高める3つのルール

繰り返すが、起業資金を借りるより、まずはお金が入るようにすることのほうがはるかに大切だ。ケーススタディをよく観察した結果、収益性を高める（起業してすぐに収益を上げるか、ビジネスが成長するにつれてもっと収益を上げる）方法は、3つの基本原則に集約できることがわかった。

次にあげるその3原則は、私自身のビジネスにも当てはまるものだ。本書を書きながら、意識的にそれらに集中してみると、私のビジネスはさらにうまくいくようになった。

原則① コストではなく、ベネフィットに基づく価格

第2章で、特徴とベネフィットの違いについて考えた。復習すると、特徴は説明的なもの（「この服は体にぴったりでよく似合います」）を指し、ベネフィットはその製品から人が受け取る価値（「この服はあなたを健康的で魅力的に感じさせます」）を指す。

オファーの特徴よりもベネフィットを強調すべきなのと同様に、オファーの価格もベネフィットに基づいて考えるべきだ。製品やサービスを生み出し、完成させるためにかかる時間と実際のコストに基づくべきではない。それは、買い手にとってまったく関係ないことだからだ。

実際、**価格を決定する最悪の方法は、それをつくるのにどれくらい時間がかかるか、あるいはあなたの時間にどれくらい「価値があるか」を考慮すること**だ。

あなたの時間にどれくらいの価値があるかは、完全に主観的な問題だ。ビル・クリントンはたった1時間のスピーチで20万ドル（2000万円）稼ぐ。家族で集まってステーキを食べる夜、あなたはクリントン（あるいは別の大統領でもいいが）に20万ドル払ってスピーチしてほしいとは思わないだろうが、理由はどうあれ喜んでそれだけの金額を投資する会社もあるのだ。

提供するベネフィットに基づいて価格を決めるときは、一歩も引かない覚悟をしよう。いくらにしようと、高すぎると文句を言う人は必ずいる。

これまで会った人たちのなかで、**「新しいビジネスが成功しているのは業界最安値をつけているからだ」と言った人は、ほとんどいなかった**。

出血大サービスの戦略がウォルマートでうまくいくからといって、おそらくあなたや私にとってはうまくいかないだろう。価値で競うほうがはるかにいい。

すでに紹介したように、ゲイリー・レフは、多忙な人が旅行の予約をするのを手伝って、250ドル（2万5000円）の一律料金を請求している。調査と予約にかなりの時間がかかる場合もあれば、運よくほんの数分の調査と10分程度の電話でカタがつくときもある。

だが、予約を頼む人にとっては、数分で終ろうが2時間かかろうがどうでもいいということを、ゲイリーはよくわかっている。依頼人は、希望のフライトを確保する彼の専門知識にお金を払っているのだ。

わかりやすくまとめると次のようになる。

- 時間コスト：大きく変動するが、平均すれば1回の予約あたり30分
- ベネフィット：世界中の観光地に行くファーストクラスまたはビジネスクラスの航空券
- 報酬：250ドル（時間コストに応じて変化しないことに注目）

この原則は、本書に登場するほとんどすべてのストーリーのなかに読み取れる。特に極端な例はオンライン講座を含む、情報やハウツーを売るビジネスだ。販売費用が実質的にゼロに近い講座が、1000ドル（10万円）を超える値段でいくらで

も売れているが、それらは妥当な値付けなのだ（開発と初期のマーケティング以外に費用はかかっていないにしても）。

新しいプロジェクトの価格を考えるときは、「このアイデアは顧客の生活をどのように改善し、その進歩は彼らにとってどれくらいの価値があるだろうか？」と考えてみよう。そのオファーに重要な価値があるなら、それにふさわしい価格をつけなければならない。

原則②（限定的な範囲で）何種類かの価格を提案しよう

顧客のベネフィットに基づいてサービスの初期価格を選ぶのは、もっとも重要な原則だ。だが、収益性を最大化するためには、オファー内容に応じた何通りかの価格を用意したい。なぜなら、そうすることによって**顧客を増やさなくても、収入を増やせる**からだ。

代表的な例が、ご存知アップルだろう。

アップルの出す製品の数は限られていて、価格競争をしないことはよく知られている。しかし、その少ない製品に必ず何通りかの価格とオプションが用意されているのがポイントだ。

iのつく最新の電子機器を買いたければ、初心者用（それでもアップル製は高いが）、中級用、「スーパーユーザー」用の最高機種から選べるようになっている。アップルの経営陣は、こうした価格設定により、はるかに多くの収入を得られると知っているのだ。

最大の理由は、ふつうの機種より値段がはるかに高くても、かならず最上位機種を買う顧客がいることだ。このような買い手によって、全体の販売価格は引き上げられる。

また、最高機種を提示することにより、「基準となる価格」が生まれる。私たちは極端に高い価格を見ると、それより低い価格が手頃に見えてしまい、心の中にお買い得感が生まれる。頭の中はこんな感じだ。

「いやあ、マックブックに３０００ドル（30万円）は高いな。だけどこっちの１５００ドル（15万円）のモデルだってすごくいいじゃないか」

価格が1つしかない場合と、段階的な価格設定になっている場合を、モデルパターンで比べてみよう。ここに示した価格を変えれば、他のビジネスにも当て使える。

選択肢1＝最強のスケジュール管理アプリ

価格：87ドル（8700円）

選択肢1はシンプルにこう聞く。

「これを買いますか、やめておきますか？」

次は、価格設定にバリエーションがある場合だ。ほとんどのケースにおいて、こちらのほうが選択肢としてすぐれている。

選択肢2＝最強のスケジュール管理アプリシリーズ

お好みのアプリをお選びください。

a 最強のスケジュール管理アプリ、廉価版。価格：87ドル（8700円）

b 最強のスケジュール管理アプリ、上級版。価格：129ドル（1万2900円）

c 最強のスケジュール管理アプリ、限定プレミアム版。価格：199ドル（1万9900円）

今度は、質問が変わった。

「あなたはどのアプリを買いたいですか？」

限定プレミアム版を選ぶ顧客もいれば、廉価版を選ぶ顧客もいるが、ほとんどの顧客はその中間の上級版を選ぶだろう。

これら2つの選択肢について、実際に売上がどうなるか見てみよう。

選択肢1＝最強のスケジュール管理アプリ
販売個数：20個（単価87ドル）
総収入：1740ドル（17万4000円）
1個当たりの収入：87ドル（8700円）

選択肢2＝最強のスケジュール管理アプリシリーズ
販売個数：合計20個（廉価版3個、上級版14個、限定プレミアム版3個）
総収入：2664ドル（26万6400円）
1個当たりの収入：133ドル（1万3300円）

差額：総収入で924ドル（9万2400円）、一個当たりでは46ドル（4600円）

この戦略で肝心なのは、**価格の種類を限定する**ことだ。混乱を招くほど多くはないが、購入者に合理的な選択を与えられる数にする。

さらに多くの種類の価格を用意するときは、ゴールド、ファーストクラス、デラックスなどのバリエーションや、同じ製品の付属品付き版、あるいは数量限定などの方法が使える。また最下位に、サービスの一部を顧客に無料体験してもらう「お試し版」を追加するのも有効な方法だ。

原則③ 2回以上稼ぐ

収益性を高める最後の戦略は、同じ製品で2回以上稼ぐことだ。同じ顧客から繰り返し安定した収入を得られれば、それに越したことはない。

「継続プログラム」「会員制サイト」「予約購読」といった言葉を聞いた覚えがあるだろう。それらはすべて、本質的には同じことを意味している。

新聞（本物の紙の新聞）を読む場合、読者は、それが玄関先に届けられるように定期購読を申し込む。最近ではiTunesや映像配信サービスのNetflixが、好みのテレビ番組の予約視聴サービスを始めている。

電気・ガス・水道各社も、定期的な請求プログラムを実施している例と言えば、さらにわかりやすいだろう。利用者は毎月お金を払って、明かりをつけたりお湯を沸かしたりする能力を買っているわけだ。

実は、ほとんどすべてのビジネスで、こうした「継続プログラム」をつくれる。たとえば、「毎月1回」と銘打ったものをあげてみよう。

本を届ける「今月の1冊（ブック・オブ・ザ・マンス）」のほか、「今月のピクルス」「今月のオリーブオイル」「今月の犬のおやつ」まである。私の友人のジェシーは「今月のカップケーキ」クラブを運営している。

盆栽が趣味で、すぐに枯らしてしまうのが悩みの種なら、毎月新しい鉢が届く「今月の盆栽」クラブがオススメだ。ただし、4つの競合する会社がそれぞれ異なるサービスを提供しているので、どれか1つを選ばなければならない。

繰り返し稼ぐのがなぜ大事か、その理由はごく単純なものだが、念のためまとめておこう。

第一は、大きな収入が得られるから、そして第二は外的要因に左右されない安定した収入になるからだ。さらに、顧客を定期的なモデルに誘い込めば（そして彼らが満足し続けるように注意すれば）、他の製品もあなたから買ってくれる可能性が高くなる、という利点もある。

一方、注意点も心に留めておかなければならない。**顧客の多くは定期サービス契約に乗り気ではない**ことだ。

なぜならそのサービスを利用しなくなっても請求が続いたり、やめようとしてもしつこく引きとめられたりするのが心配だからだ（2番目の問題を解消するために、私は自分のサイトに「手間のいらない」キャンセルボタンをつけた）。

これらの点を念頭において、顧客が支払いを続けてくれる限り、必ず価値を提供し続けよう。

KEY POINTS

- □忘れてはいけない。あなたが取り組んでいるのは、趣味ではなくビジネスだ。お金が入る方法を常に考えること
- □ビジネスを始めるために、借金は必ずしも必要ではない。外部からの投資も借金もなしで起業して成功している人はたくさんいる
- □価格設定は、自分が負担した費用や時間ではなく、顧客が受け取るベネフィットで決めること
- □複数の価格帯を設けておくと、利益が上がりやすい

第3部
LEVERAGE AND NEXT STEPS
利益を増やす次の一手

第11章　収入を倍増させる微調整《ツイーク》

順調に進みはじめたときこそ、やり方を見直そう

ケーススタディの対象者たちは、「ビジネスを育てるのは、始めるのに比べればよっぽど楽だ」と繰り返し言う。よく聞くのはこんな言葉だ。

「うまくいくものを見つけるまでは時間がかかる。だけどいったん動きはじめたら弾みがついて、あとはとんとん拍子さ」

第6章に登場したニックが写真を50ドル（5000円）で売って大感激したように、最初の販売はいちばん難しいが、最上の喜びを感じさせてもくれる。何人もが同じことを口にした。

「はじめて売れた日、このビジネスはきっとうまくいくと確信しました。あとのことは全部、その確信を一層深めたにすぎません」

私はそれを、「最初の1ドル26セント（126円）がいちばん難しい」の法則と呼んでいる。

1ドル26セントの理由？　何年も前のある日、私がブリュッセルで乗り換え待ちをしているあいだに、新しいプロジェクトで、はじめて稼いだ金額だからだ。ベルギーワッフル1つ買えなかったが、未来は明るいと感じたのを覚えている。

この章では、うまくいきはじめたビジネスの収入を増やして、さらに上を目指す方法を見てみよう。

◇「微調整」が生む大きな大きな差

ネブ・ラップウッドは自他ともに認めるスノボ狂だ。カナダの有名なウィンターリゾート地ウィスラーに住み、昼間はスノーボードに興じて、夜は「ときどき」レストランで働く。生活は質素だが快適だった……不定期雇用が突然の解雇で終わってしまうまでは。生計を立てるため、ネブはスノーボードを教えはじめた。ほんのパートタイムの仕事だったが、生徒にはとても評判がよかった。

生徒を直接指導するのは楽しくやりがいもあったが、避けられない限界も抱えていた。競争は激しく、クライアントは少なく、1年のうち決まった時期しか働けない。このままではまずい、とネブは知恵を絞った。

「そうだ、スノーボードを習いたい人は世界中にいるはずだから、その場にいなくてもインターネットを通じて教えられたらどうだろう」

こうして友人たちの協力のもとに立ち上げたのが「スノーボード・アディクション」、全世界向けのスノーボード教材だ。

教材はたちまちヒット。20か国で売れて、1年目は3万ドル（300万円）の収入をもたらした。スノーボード狂にとって悪くない稼ぎだ（あまり金儲けに興味がなかった彼にとって、これは生涯最高の年収だった）。

翌年はビジネスを拡大すべくさらに真剣に取り組み、アフィリエイト広告を利用したり、教材の中身をブラッシュアップしたりした。その結果、10万ドル（1000万円）をわずかに下回る純利益が得られた。

ネブは現在も昼間はゲレンデにいるが、そうでないときは、ビジネスを拡大する新しいアイデアを共同経営者と相談している。たとえば、外国語への翻訳だ。「スノーボード・アディクション」は9か国語で世界中に販売されていて、さらに言語を増やす予定でいる。

この本に登場する人たちが繰り返し語っているように、ネブも自分が獲得した新たな生活への満足感を誇らしげに口にした。

「正直言って、クビになったあとにこのビジネスを始めたのは、僕の人生で最高の決断でした」

そしてもちろん、これからもゲレンデに立つ時間はたっぷりあるはずだ。

◇「ツイークで稼ぐ」方法・基本編

既存のビジネスで収入を増加させる半ば公然の秘密は「ツイーク」だ。ツイークとは、**「大きな変化につながる細かい修正」**を指す。

ある製品がいつもは1・5パーセントのコンバージョン率（見込み客のうち実際に購入した人の割合）があるとして、それを1・75パーセントに引き上げられたら、その金額差は時間がたつにつれてみるみる大きくなる。

あるいは、あるビジネスがふつうは1日4人の新規顧客を呼び込める場合、それが5人になったら、その影響は計り知れない。単に収入が25パーセント増加するばかりでなく、顧客ベースも多角化するからだ。

ネブがそうしたように、アクセス量を**ほんの少し**増やし、コンバージョン率を**ほんの少し**向上させ、それと同時に平均販売価格も**ほんの少し**上げたら……あなたのビジネスは**大きく成長**する。それぞれについて詳しく見てみよう。

ステップ① アクセス量を増やす

ウェブサイトでも実店舗でも、あなたのオファーを定期的に見に来る人がいなければ、ビジネスは成り立たない。

アクセス量とは関心だ。あなたのビジネスはどれくらい関心を集めているだろうか？　ある新規ビジネスのオーナーから、はじめての新製品発売でたった4人しか買ってくれなかったのでがっかりしたという話を聞いた。そこで私は尋ねた。

「見込み客はどれくらいいたんですか？」

「よくわかりません……。たぶん100人くらいでしょうか？」

「それはすばらしい！」

私は本当にそう答えた。なぜなら多くのビジネスにおいて、４パーセントのコンバージョン率というのはかなり優秀な数字だからだ。最初に目指すのは、限られたオーディエンス（広告の受け手）のなかからより多くの人に買わせることではない。まずはオーディエンスを増やすことが先決だ。

ステップ②コンバージョン率を上げる

そして次がこれ。この順番を間違えないようにしよう。

あなたのビジネスに関心を持つ人びとを一定数確保したら（オンラインの場合、サイトへのアクセス数などで判断できる）、次はコンバージョン率に注目してみたい。この数字を上げる古典的な方法に、いくつかのキャッチコピー（あるいはオファー、見出しなど）を実際に試して、結果がいいほうを残すというものがある。Ａ／Ｂテストだ。

アクセス量の確認　↓　Ａ／Ｂテスト　↓　結果を比較

結果が出たらまた次のテストを実施し、常に「最善のアイデア」をもう1つのアイデアと比較していく（「グーグルオプティマイザー」を使えば無料でテストできる）。

これは実にすぐれた戦略だが、注意事項が1つある。いったん現れた顧客をどうやって購入者に変えるかより、顧客がどういう人たちなのかをじっくり観察するほうが重要かもしれないということだ。

「テストは重要ですが、もっと重要なのはアクセス元ですよ」

作家で起業家のラミット・セティは語っている。

「つい見出しやキャッチコピー、デザイン、そして小さなボックスにいたるまでスプリットテストをしたくなるものですが、アクセス元を分析したほうがもっといい結果が得られます」

ステップ③ 平均販売価格を上げる

もし注文一件当たりの平均販売価格を上げられたら、アクセス数やコンバージョン率を上げるのと同じように収益を増やすことができる。

	仕組み	メッセージ
上位商品販売	購入時に上位商品、あるいは追加商品をオファーする	「こちらと一緒にポテトはいかがですか?」
抱き合わせ販売	購入する顧客に「関連商品」をオファーする	「同じ商品を買った人はこれらの商品も買っています」
販売後の販売	販売直後の顧客に特別なオファーをする	「お買い上げありがとうございます！　こちらは購入されたお客様だけの、1回限りの追加オファーです」

これは、より高額な「上位商品販売」、別の商品を勧める「抱き合わせ販売」、追加オプションなどを売る「販売後の販売」、の3つの方法によって簡単に実現できる。

Amazonで買い物をしたとき、「関連商品」や「この商品を買った人はこんな商品も買っています」という項目を見た経験があるだろう。これらの項目は目立つように強調され、他の場所でも大きく再掲載されている。理由は簡単。大きな効果があるからだ。

3つの方法の違いを上の表にまとめたので、確認しておこう。

すぐれたショッピングカートや決済

サービスなら、これらの項目を簡単に付け加えられるはずだ。もしできなければ、別のサービスへの乗り換え時だろう。

ステップ④お得意様への販売量を増やす

お得意様、あるいは一度でも買ってくれたことのある既存の顧客は、特売や販促、その他のあらゆる種類の追加オファーにも反応しやすい。彼らにもっと頻繁に訴えかければ、ほとんど確実に収入は増えるだろう。

しかし、あまり激しく売り込みすぎないように気をつけること。バランスが大切だ。あなたの顧客はあなたの話を**聞きたがって**いる。

彼らは価値を認めた何かと引き換えに、これまであなたにお金を払ってきた。何度でも同じことをしやすいようにしよう。

◇「ツイーク」で稼ぐ方法・応用編

ビジネスオーナーにどんなツイークに取り組んできたか聞いてみると、多くはこんなふうに答える。

「いちばん大事なのは直し続けることだよ」

毎朝、実際の経営にとりかかる前に、ビジネスの改善に集中して取り組む時間を30分つくっているという人もいる。

でも、その1日30分に、何をすればいいのだろう？

そんな疑問を解消するために、より応用的なツイークの技術を見てみよう。


応用ステップ①「殿堂入りカスタマー」を選ぶ

いちばんのお得意様にスポットライトを浴びせよう。あなたのビジネスが役に立った経験を語ってもらうのだ。年齢や職業など、さまざまなバックグラウンドの持ち主がいるはずなので、バラエティ豊かな経験談が集まるだろう。これは、あなたの製品やサービスがあらゆる人たちに役立つという「社会的証明」になる。

応用ステップ② 上位モデルを勧める

平均注文数量を増加させるためのもっとも単純かつ強力な戦略は、おそらく上位モデルの商品を1つ——あるいはいくつか——オファーに追加することだろう。

213ページの表でも「上位商品販売」の方法について載せたが、効果的な方法なのでもう少し詳しく取り上げておく。

「押しつけがましいんじゃないか……」という理由で、そうしたがらない人もいる。声を大にして言うが、それは間違いだ！

至って適切な手段だし、顧客もそれを待っている。「おお、ありがたい！」というのが一般的な反応だ。

たとえばレストランに食事に行ったとする。デザートを食べるつもりはなかったが、ウェイターにチョコレートプディングを勧められ、それがとても美味しそうだったので食べてみた……そして美味しかった。あなたはまんまと上位モデルに引っかかり、そして満足している。

ネットショッピングで購入後に表示される確認ページは、上位モデルのオファーをするためにもっとも適切で、しかもほとんど活用されていないページの1つだ。**購入直後の顧客は、何か他にも買う可能性が高い**。そこで説得力のあるオファーをすれば、コンバージョン率は30パーセント以上にもなりえる。

応用ステップ③ 口コミをつくり出す

口コミが新規ビジネスにとって最大の情報源なのは周知の事実だ。だが、口コミが自然に生まれるのをただ待っているのではなく、話を広めてもらうよう顧客に働きかけることができる、という点を忘れてはならない。

推薦を依頼するときは、具体的に頼むと実行しやすい。「私たちのオファーを友だち3人に話してください」とか、「フェイスブックの私たちのページで『いいね！』を押してください」と頼む。このタイミングもやはり、購入後の確認ページ、そして2、3日後に送る発送の確認メールが適切だ。

応用ステップ④ 考えられるいちばん強力な保証をつける

ほとんどのビジネスは保証がありきたりでつまらない。この点については第7章のオファーの話でも触れたが、ツイークの段階でも見直してほしい。

新しい例をあげよう。

靴のインターネット販売で急成長した「ザッポス」は、試し履きをせずに靴を買う不安を取り除くために、配達時も返品時も送料無料サービスを始めたことで知られている（競争相手の多くがこの先例にならわなければならなくなった）。

ちなみに、ザッポスが、気前のいい返品ポリシーを悪用したお客を排除することはほとんど知られていない。

CEOのトニー・シェイが私に語ったところによれば、もしずうずうしい顧客が返品ポリシーにつけ込んで——たとえば365日の返品期間のうち、364日目に履き古した靴を返してきたとしたら——ザッポスは一度だけ「謹んで返金を」させてもらうが、その顧客には二度とザッポスで買い物をしないように丁寧に伝えるそうだ。もっとも、トニーはこう付け加えることも忘れなかった。

「幸い、ほとんどのお客様は正直だよ」

応用ステップ⑤ 逆に、保証をつけない点を売り物にする

信じられないようなすばらしい保証をつけるかわりに、まったく保証をつけない——そしてその事実を宣伝するという手もある。

ただし、この戦略は、ふつうは高額商品に向いている。全体の売上は減るかもしれないが、購入する人の思い入れの度合いは高くなる。

高額商品を買う人は、あらゆる点で上客になる傾向がある。さまざまな価格で広範囲の製品を売っている経営者は、「安物買いのお客ほどたちが悪い」と言う。

「10ドル（1000円）払って何でも思い通りになると思っているお客さんは、1000ドル（10万円）払うお客さんよりはるかに苦情が多いんだ」

私も同じような経験をしている。廉価版を購入した人は、高級版を買った人に比べてカスタマーサービスに問題を持ち込んでくる率が大幅に高いのだ。

◇サービス提供者への注意―定期的に価格を上げよう

ここで問題。

「価格を上げれば顧客の一部は離れていくが、その損失は総収入の増加によって補える」――イエスかノーか？

イエスと思うかもしれないが、私が話を聞いた多くのサービス提供者のほとんどは、**値上げ後1人たりとも顧客を失わなかった**と驚いていた。

顧客に値上げを告げると、「遅すぎたくらいだ！　もっと高くてもいいと思っていたよ」と言われた人も何人かいた（値段が低すぎるとクライアントに文句を言われたら、ちゃんと聞こう）。

アンディ・ダンは、北アイルランドのベルファストに住む住宅開発業者だ。彼は自分でつくったウェブのアプリケーションをある企業のＣＥＯに売り込んだことがきっかけで、フルタイムの仕事を辞めた。

重要なのは、アンディがただアイデアを売り込んだだけではないという点だ――彼はアイデアを思いつき、それに基づいて行動した。

つまりアプリケーションをつくってそのＣＥＯに送り、意見を求めたのである。感心したＣＥＯからはお礼の電話がかかってきて、機能をいくつか追加するための費用を支払うと約束してくれた。

独立後、アンディは新しい取引相手に事欠かなかったが、価格設定に大きな問題があった。見込み客を引きつけたいと願うあまり、サービスの値段を低く設定しすぎて利益が出ていなかったのだ（仕事の一部を外部に委託したときは、数千ユーロの損失が出たこともあるという）。

　このままではいけない——アンディは思い切って、25パーセントの値上げを決断した。最初はおっかなびっくりだったが、しばらくしておおいに安堵《あんど》することになる。

「25パーセント値上げしただけで、週の労働時間は7時間減らせたし、月収はグンと増えました」

　アンディはベルファストからスカイプを通じて私に語った。

「それに、前よりずっと自分に自信が持てるようになったのは予想外の収穫でした。料金を上げるまで、請求している金額以上の価値が自分にあるなんて思ってもいなかったのでね」

　同じことを、他のサービス提供者やビジネスオーナーからも、違う形で繰り返し聞いている。私は２０１０年に、料金を上げて成功した14人のフリーランサーに個別に聞いた。

「どのように実行したのか」

「どんな結果を予想していたか」

「実際の結果はどうだったか」

といった質問だ。

職業は完全にばらばらで、獣医、ボイストレーナー、手話通訳者の他に、企業コンサルタントやライター、デザイナーも何人かいた。さらに住んでいる国も、カナダ、オーストラリア、ニュージーランド、南アフリカ、イギリス、アメリカと、英語圏中に散らばっていた。

職業も地域もさまざまなのにもかかわらず、みんなこう口を揃えた。

「値上げするまでは、もう二度と誰からも仕事をもらえないんじゃないかと、心配でたまりませんでした。やってみたら本当に簡単で、もっと早くそうすればよかったのにと思います」

それもほとんどの場合、拍子抜けするほど簡単だったという。「ああ、いいですよ」というのがクライアントの返事だった。

また、値上げを考えている他のサービス提供者へのアドバイスも求めてみた。するといちばん多かったのは、値上げがごく自然な行動になるように、**定期的な値上げを習慣にしておくといい**という返事だった。

最良のソーシャルメディア戦略は「面白いことをする」！

　ツイッターや他のソーシャル・ネットワークでフォロワーを増やすには、他人の仕事を宣伝すればいい――あなたも、そんなアドバイスを聞いたことがあるのではないだろうか。

　自分のことばかりずっと話している人の話は誰も聞きたがらないというが、本当だろうか？

　これは良心的なアドバイスだし、表面上は正しそうに聞こえる……。しかし残念ながら、間違いだ。他人の仕事を宣伝し、面白そうな記事へのリンクを共有するのはいいが、それだけでフォロワーを増やしたり、関心を集めたりできると期待しないほうがいい。

　人があなた（またはあなたのビジネス）をフォローするのは、あなたに興味があるからだ。私がバスケットボール選手のシャキール・オニールのツイートや投稿をフォローするのは、彼の言うことに興味があるからだ。もし彼が四六時中他の人や彼のファンについて話していたら、私はそれほど興味を持たないだろう。

オンラインで何を話せばいいのだろうか？　答えは簡単。**あなたとあなたのビジネスについて、だ。本当に。**あなたの行動や発言が気に入らない人は離れていくが、もしかすると失った以上のフォロワーを獲得できるかもしれない。

付け加えると、オンライン・ソーシャル・ネットワークは単にオフラインの現実を投影したものにすぎない。

ツイッターのフォロワーを増やしたい？　だったら何か人の興味を引くことをしよう……ツイッターから離れて。

◇水平に広げるか、垂直に掘り下げるか

この章の最後に、「2種類の成長スタイル」について触れておきたい。ビジネスを成長させるには、次の2通りの方向性がある。

1つは**水平方向への成長**。

異なる人びとを対象に異なる製品をつくって、幅広いビジネスを展開する方法だ。

もう1つは**垂直方向への成長**。

特定の顧客とのあいだに浅いものから深いものまで階層的なつながりを築き、深く掘り下げたビジネスをする方法だ。

どちらのやり方が適しているのかはビジネスによって異なるが、いずれにしても、あなたはさらに上を目指し、ツイークを駆使して収入を増やし、ビジネスを成長させることができる。

KEY POINTS

□立ち上げたビジネスで収入を増やして「もっと上を目指す」のは、最初にビジネスを始めるときにくらべればたいていい簡単だ

□慎重な選択を重ねれば、仕事量を大きく増やさずにビジネスを成長させ、新たに人を雇わずに規模を拡大できる

□成長のためには、製品をベースにしたビジネスにサービスを追加する（またはその逆）、上位商品販売や抱き合わせ販売をうまく使う、いくつかの主要なツイークを実行するなど、手軽にできる選択肢がいくつもある

第12章　自分をフランチャイズしよう

もっと楽しく、もっと稼ぐために
あなたのクローンをつくる方法

いくら脱サラしたくても、チェーン店のフランチャイズ権（営業権）を買うことはお勧めできない。オーナーになりませんかと誘う典型的なキャッチコピーを読んでみよう。

「貯金を引き出し、親戚から金を借り、クレジットカードを限度額まで使い切って25万ドル（2500万円）つくりなさい。そのお金のほとんどを、寛大にもあなたが働くのを許可する当社に前もって支払いなさい。当社の命令に厳密にしたがってビジネスを経営しなさい。例外は一切認めません。

あなたが誰を雇い、どんなサービスを提供し、どこに店舗を開くかにいたるまで、あらゆる決定は当社が行ないます。どんな色のシャツを着るか、もです」

もしこのビジネスが成功すれば、あなたは年に平均4万7000ドル（470万円）の収入が得られるようになる。しかしその前に、もといた会社では考えられなかったストレスまみれの週50時間労働に耐え、かろうじて生計を立てながら3年は頑張る覚悟が必要だ。しかも、この勝利のシナリオが実現したときでさえ、あなたはビジネスを始めたことにならない。あなたはそれをお金で買ったのだ。

ほとんどのフランチャイズ会社が認める以上に、失敗例は多い。失敗すれば、会社はその店舗を引き取って、また別の人に売る。このとき、あなたの失敗は、会社の統計上は店舗の閉鎖にカウントされない。

だから開店し続けている店舗の割合が高いことを示す統計を見ても、誰がその店をやっているのか、そして返すあてのない25万ドルの負債を抱えたままになっているのは誰なのか、実情は知りようがない。

この提案をどう思うだろうか？

私から言わせてもらえば、あまり魅力的ではない。他人の事業にお金を払って参入するのは、一見チャンスに見えても実際はたいてい違う。

幸い、別の選択肢もある。あなたが所有権を持って支配できる、自分のビジネスをつくればいい。この章では、**「自分をフランチャイズ化」**する方法を考えてみよう。

◆あなたはかけがえのない1人……もしかすると2人

同時に別々の場所にいることはできないなんて、誰が決めたというのだろう？実際には、**レバレッジ**を用いてビジネスを成長させる方法はいくつもある。

自分をフランチャイズ化するとは、単に仕事を増やすという意味ではない。より大きな利益を生むために、**他人や仕組みの力を使う方法を考え、ビジネスを高いレベルに引き上げるという意味だ。**自分のフランチャイズ化と仕事を増やすこととの違いは、戦略的に考える時間を取るかどうかで決まる。ここでもいくつかの例を見てみよう。

カナダ出身のナタリー・ルシェールは、前途有望なソフトウェア開発技術者だった。シリコンバレーで研修を積み、ウォール・ストリートで仕事に就けるチャンスを得た。家族は、「それこそお前の夢見た仕事だ」と喜んだ……でも、彼女自身は、考えれば考えるほど、そうではない気がしてきてしまう。けっきょく内定を断ってカナダに帰り、別の道を探すことに決めた。

ナタリーには以前、ローフード・ダイエット（食材をなるべく生に近い状態で食べるダイエット）に切り替えて体の調子がとてもよくなったという個人的な成功体験があった。「果物と野菜、ナッツ類しか食べないなんてとんでもない！」と最初は思ったのだが、効果は一目瞭然。最初の1か月で体重が5キロ近く減り、それだけでなく1日中元気がみなぎるようになった。

友人と話すとき、彼女は生まれながらの伝道師の才を発揮した——押しつけがましくなく、批判的でもなく、自分がしたような完全なローフード・ダイエットに踏み切る勇気がない人にも、実際に体調が改善するようなコツや取り組み方を伝授したのだ。

トロントに引っ越したあと、ナタリーはそれをビジネスにしようと考えた。ソフトウェア開発技術者（もっといえば、自称コンピューターおたく）としての知識を生かしてデータベースをプログラムし、アプリをつくり、自分のウェブサイトを立ち上げた。こうして「ローフード・スイッチ（ローフードへの転換）」ができあがったのだが、この名称はアイデアを正確に反映しているものの、平凡で地味だった。

ある日ナタリーは、この名称の文字をほぼそのまま使って、もう少し気の利いた名前に変えられることに気付いた。「ローフーズ・ウィッチ（ローフードの魔女）」というのは、悪くないんじゃない⁉

黒いとんがり帽子をかぶって仮装した姿を撮影し、ナタリーは**自分のキャラクター中心**にビジネスを一新した。１回限りのお試しプログラムを作成し、本書に登場する他の人たちもやっていたような個別相談に応じた。ローフーズ・ウィッチは１年後に６万ドル（６００万円）のビジネスに成長した。

言うこともなし……と思いきや、トロントのベジタリアン・レストランで、ナタリーは私に１つだけ言いたいことがあると切り出した。

「はたから見れば、私はローフードのことばかり話しているように見えるでしょうね。私がプログラミングを全部自分でやったとか、ビジネスとＩＴの結びつきを楽しんでいることは、あまり理解してもらえません」

だが、その知られざる顔が日の目を見ることになる。ローフーズ・ウィッチのクライアントからＩＴ関連の問い合わせを受けたのがきっかけで、ＩＴコンサルティングという第二のビジネスが思いがけず誕生したのだ。こちらは別ブランドでやろ

う と考え、本名で仕事をしている。

ローフーズ・ウィッチは今でも影響力のあるブランドだ――クライアントが、「食料品店でカート一杯にアボガドを積んだ買い物客が、あなたのことを話していたわよ！」と報告してくれる。しかし、ナタリーが今、力を入れたいのは2つめのビジネスだ。

彼女は自らが新製品を製作することで収入を増やしてきたローフーズ・ウィッチを見直して、80パーセントは自動的に運営されるようにした。そのうえで、自分の希望通り、コンサルティング業にいそしんでいる。

◆2種類のオーディエンス

ナタリーは、2つの異なるオーディエンス、すなわちコア・グループと関連グループに訴えかける方法を見つけた。ビジネスが成長し、新しいプロジェクトをやりたくてうずうずしはじめたときは……自分をフランチャイズ化する方法が2通りある。

ハブとスポークを使い分けよう

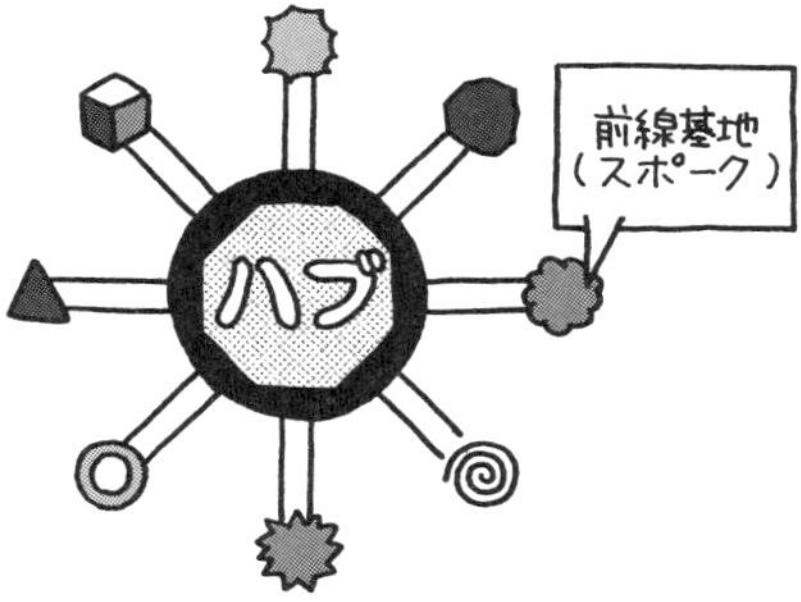

選択肢1——同じメッセージでもっと多くの人に訴えかける

選択肢2——新しいメッセージで異なる人に訴えかける

どちらの選択肢からも得るものは多い。選択肢1に関して言えば、特にオンラインでブランドを立ち上げるとき、**「ハブ・アンド・スポーク」（本拠地と前線基地）モデル**で考えるといいだろう。

このビジネスモデルでは、あなたのメインのウェブサイトがハブになる。つまり、自分でコンテンツを管理している本拠地で、最終的に新しい訪問者、見込み客、そして顧客を呼び込みたいと思っている場所だ。

スポークは、**前線基地**とも呼ばれ、ハブ以外であなたが滞在するすべての場所を指す。フェイスブックなどのソーシャル・ネットワーキング・サイト、自分や他人のブログのコメント欄、あるいは、実際に会う交流会などもこれだ。上の図を見れば、その仕組みがわかるだろう。

各前線基地の目的は、本拠地の仕事をサポートすることだ。前線基地のどれかにあまり時間を割きすぎるのは危険かもしれない。なぜなら、それらのいくつかは次第に廃《すた》れていくからだ（あなたにも、愛読していたブログが閉鎖されていた、という経験があるはずだ）。

また、本拠地でつくったコンテンツや仕事は自分のものだが、前線基地で起きていることの大半は他人が「所有」していることも忘れてはならない。

◇パートナーシップ――1＋1＝3にするには

自分をフランチャイズ化するには、信頼できるパートナーとチームを組む方法もある。これは、その人とあなたのビジネスを完全に合併させるという意味ではない。

誰かとパートナーになるもっとも簡単で一般的な方法は、**ジョイントベンチャー**だ。この取り決めでは、2人か3人の人が1つの新しいプロジェクトに取り組むために力を合わせる（第8章で紹介したカロルとアダムの「処分特売」はこの一例だ）。

あるいは、パートナー同士が共同で所有するまったく新しいビジネスをつくることもできる。

パトリック・マクランとリッチ・ストラウスが行なったのがこちらのほうだ。2人ともスポーツ選手のパフォーマンスを高める一流コーチで、チームを組んでトライアスロン選手にトレーニング・プログラムとコミュニティを提供する「エンデュアランス・ネイション」をつくることに決めた。

彼らはそれぞれの得意分野に合わせて責任を分担した。パトリックは新しいメンバー全員に歓迎の電話をかけ、リッチは彼らのためにオンライン・トレーニングプランをつくった。

どのような仕組みにしようと、パートナーシップの目的は、1人でつくれるもの以上に成長させることだ。

トラブルのないパートナーシップのための簡易リスト

パートナーシップを始めるにあたって決めなければならない項目の簡易リストをあげておく。このリストの内容は、作家であり、パートナーシップに関する専門家でもあるパメラ・スリムから提供された。

・どうやってお金を分配するか（一般的な分け方は、均等に50-50か、60-40で仕事量が多いパートナーが多めに受け取る、45-45で10パーセントは管理費として蓄える、などがある）
・それぞれはどんな責任を負うか
・どんな情報を共有するか
・どうやってプロジェクトを共同で市場に出すか
・この取り決めはどれくらいの期間有効か
・どれくらいの頻度で連絡を取り合うか

◇「人に任せる」と、より自由になれる？

ジャミーラ・タズウェルは美術学校を卒業後、多くの人がたどる道をたどった。つまり、他の何かを夢見ながら、ニューヨークでウェイトレスとして働いた。幸い、彼女が待ったのは、テーブルでお客の注文を取るときだけだった――それ以外は待ったなしで行動し、ビジネスを始めた。

まず、彼女は「奇抜なハンドバッグ」と「ユニークな財布」をつくって、ブログで公開した。

「ひと晩でファッション小物界のスターになる自信があったんですけど」とジャミーラは笑う。作品を見た一流ファッションブランドから、「ぜひ我が社で発売を！」という申し込みが来るのを想像していたのだが、残念ながら現実にはならなかった。

「でも、つくったものを自分で売ればいいと気づいたんです」

ロサンゼルスに行き、今回はウェイトレスの仕事には頼らずに、小物づくりに専念した。制作から販売まで何もかも自分でこなし、仕事はそれなりにうまくいったが、大成功とまではいえなかった。

3年後、ジャミーラはやり方を変える決心をした。まず、彼女自身の表現によれば「困難だが必要な手段」として、自分の監修のもとで製品をつくるスタッフを地元で雇った。その後、プリント加工や出荷を担当する従業員も雇い入れた。これは大きな前進で、「厳しい試行錯誤」が必要だったが、メリットも大きかった。

「製品が私の家庭内オフィスを離れていくのを見て、信じられないほどの解放感を味わいました。子どもがようやく大きくなって、大学に行くような気分よ！」

面白いことに、この見方は万人に共通するものではない。今回の調査で、いくつかの項目には同じような答えがどっと集まった。多くの人が独立するまでの方法や気分について同じように回答したし、自由と価値の関係は、ほとんど全員にとって大切なテーマだった。

しかし、意見が分かれた項目が1つだけあった。それがこのテーマ——つまり、請負業者や「バーチャル・アシスタント」（従業員ではなく独立した請負業者として、ホームオフィスのコンピュータを通じて事務サービスを提供する職業）の雇用、すなわちアウトソーシングと呼ばれる行為だ。

アウトソーシングの是非に関して、回答は「いいと思う」から「やりたくない」、あるいは「複雑だ」まで、実にさまざまだった。

ジャミーラのようにパートナーシップで劇的に仕事が改善された例がある一方で、アウトソーシングも雇用もせず、すべてをあえて自分たちだけで行なって、高い満足感を得ている人たちも同じくらいいいた。それぞれの立場を代表して意見を述べてもらう。

ケース① アウトソーシング賛成派

アウトソーシングによって煩《わずら》わしい作業や責任から解放されたビジネスオーナーは、それを**「自由になるための決断」**だったとみなしている。賛成派の考えは、次のようなコメントに象徴される。

「従業員を雇うのは、ビジネスオーナーとして最大の難問でしたね。規模を大きくするのにためらいがあったので、私はそれを何年も先延ばしにして、毎年何万ドルもの収入をふいにしてきました。

でも、もう限界でした。メンバーを増やさなければ、収入を増やせないというだけでなく、ビジネスが立ち行かなくなりそうになったのです。

やり方を変えてからは、それまで断ってきた注文もすべて引き受けられるようになりました。仕事をこなしきれないことはもうないし、余った時間を使って別の分野にビジネスを発展させることもできます。

もしできるなら、全部1人でやりたいと思うかって？　以前はそう思っていました。誰かに指示を出すのも、指示されるのも気が進まなかったからです。自分がボスだと感じるのは嫌でした。でも今は、チームの一員としてはるかに大きな満足感があります。私は自分のビジネスのパイロットで、クルーはそれぞれの目標を実現しながら、私の仕事が楽になるように支えてくれています」――ミーガン・ハント（第3章に登場）

「最初の地図をつくるとき、私たちは外部の印刷業者に頼みました。それはこれまでで最善の決断でした。もし自分たちで地図を印刷していたら、余った分を売りに出すこともなかったので、私たちのビジネスは文字通り存在しなかったでしょう。

需要が増えてきてからも、自分たちで印刷しようとは考えませんでした。ええ、肝心な地図のデザインに時間をかけ、販売を広げることにも気を配りながら、大量の地図を印刷するのは無理だったと思います。それに、自分たちのビジネスがベテラン印刷業者の利益にもなっていると思うと、それもうれしくて」──ジェン・アドリオンとオマール・ノーリー（第6章に登場）

ケース②　アウトソーシング反対派

アウトソーシングに反対する陣営の考えは、次にあげるコメントに代表される。これらを寄せてくれたビジネスオーナーは、ビジネスの拡大は「難しい、望ましくない」、あるいは、**「ビジネスを通じて得た自由を損なうもの」**だと考えている。

「もっと顧客の要求に応じられるようにしたいとは思いますが、従業員や請負業者に航空券の予約を引き継ぐとなると、評判を落とすのが心配です。パートナーシップの申し込みもありましたが、相手の仕事の質が心配だったり、紹介手数料を要求されたりしたので断りました。自分のサービス料金を上げてその手数料を払うのは簡単ですが、手取りを減らして仕事をしてもうれしくありませんから。そんなわけで、これ以上ビジネスは大きくならないでしょうが、それで満足しています」——ゲイリー・レフ（第3章に登場）

「外部の請負業者に仕事をアウトソーシングしたときは、自分で実際に仕事をするのと同じくらい仕事の管理に時間がかかりました。今でもプロジェクトに人を雇って、そのプロジェクトに自分の時間をかけすぎずに妥当な利益を上げられる、ちょうどいいバランスのとり方がわかりません」——アンディ・ダン（第11章に登場）

「私のモットーは、『ボスを持つな、ボスになるな』です。22歳のときから、それはずっと変わっていません。複雑な計算は私の弱点なので、会計士は雇います。それ以外は、私だけのビジネスです。自分の仕事ならいつでも質を保証できるし、誠実さは私にとって何より大事です」——ブランディ・アーゲルベック（第7章に登場）

◇アウトソーシングに向いている人、いない人

誰にでも当てはまるわけではないのは承知のうえだが、私自身は反アウトソーシング派に属している。プロジェクトをあちこちに分散するより、小規模なチームを維持して、外部の人間との請負契約は限られた部分だけにするようにしている。

アウトソーシングを支持する人が真っ先にあげる理由は、それによってビジネスオーナーが面倒な作業を誰かに任せて、「好きなことをもっとできる」ようになるというものだ。しかしアウトソーシングはもっと大きな問題をはらんでいる可能性があるし、そもそもそんな面倒な作業がほとんどいらないようなビジネスを構築することができる。

私は仕事仲間から、すばらしいアシスタントを使っているから、よかったら紹介しようという話を一度ならず聞いたことがある。しかしそれから数週間、数か月がたつと、彼らはまた新しい人を探している。

「何とかさんはどうしたの？」

「うん、すばらしかったよ……最初は。それから仕事の流れがスムーズにいかなくなって、ミスがあって、一緒にやるのは無理になったんだ」

賛否両論あるなかで、どちらを選べばいいか、どうすれば決められるだろうか？幸い、これはそれほど複雑な問題ではない。アウトソーシングが合っているかどうかは、たった2つの要因で決まる。

それは**（1）ビジネスの性質**と、**（2）経営者の性格**。

アウトソーシングで（委託する側とされる側の両方が）直面する問題の多くは、請負業者やアシスタントが持つ責任を明確にすれば避けられる。たとえば、機械的な反復作業が多いビジネスでは、アウトソーシングを選ぶのはいい考えといえる。しかし顧客との関係を重視するビジネスは、アウトソーシングは適さないかもしれない。

あなたの性格も重要なファクターだ。あなたが「自由なビジネス」をつくっているとしたら、あなたが思う「自由」の形はどんなものだろう。

ある人にとって、それは世界中を旅行し、ビジネスから得る収入はもっぱら自分のために使うという意味だ。一方、1か所にとどまってチームを組織し、次の世代に残せるビジネスを生み出したいと思う人もいる。

結局、アウトソーシング問題に対する最良の答えは、他の多くの問いに対する答えと同じ。他人ではなく、自分が納得できる行動をすることだ。

◆物々交換、家族の協力、そしてハウスクリーニング

ところで、人の手助けを得る方法は、アウトソーシングだけではない。

「私のビジネスはすべて、とても有利な取引のおかげで成り立っています」

そう打ち明けるブルック・スノウは、音楽のレッスンで家計を支えていた。8か月の赤ちゃんがいて、夫は勉強し直すために大学院入学を希望していた。その費用も彼女が稼がなければならない。

年間3万ドル（300万円）の収入は、夫にも稼ぎがあれば十分だろうが、それでは足りなくなってしまう。

幸いなことに、音楽の才能以外に、彼女には得意なことがあった。**交換取引**だ。

パソコンが苦手だったブルックは、生徒の1人マイカに無料で個人レッスンをする

かわりに、オンラインレッスンを立ち上げる手伝いを頼んだ。

それを頼むのに、マイカほど適任の相手はいなかっただろう。なにしろ彼女は、「遠距離教育のためのテクノロジー分野」で博士号を目指して研究中だったのだ。

こうしてブルックはマイカから、**ウェブサイトのデザイン、ビデオ映像、そして技術的サポートという「サービス」を、レッスンとの「交換」により受け取った。**

「このような交換は何万ドルもの節約になり、私のビジネスをつくり変えただけでなく、いろいろな意味で私がビジネスをやれる理由そのものです。完全に借金ゼロ、低予算、そして高い利益率でビジネスができるのですから」

オンライン講座によって、彼女の年収は6万ドル（600万円）に倍増しただけでなく、ついでにマイカに教わった写真撮影の技術を人に教えるビジネスも始めたという。

回答者のなかには、家族に作業を「アウトソーシング」するという人も何人かいた。エレノア・マイルホーファーは文房具ビジネスで1000ドル（10万円）の節目を超えるごとに、夫のために特別なディナーを用意する。経理とプログラミングを手伝ってもらっているからだ。

ローフーズ・ウィッチのナタリー・ルシェールは、オフィスのハウスクリーニング業者を頼んだおかげで、生産性が見違えるほど向上したとメールで教えてくれた。

「どうでもいいように思えるかもしれませんが、そのおかげで、いつでも何もかも自分でやろうとしないのがどんなに大切かわかりました」

このように、驚くほどさまざまな形で、人から力を借りることができる。

◆繁忙期と閑散期がある仕事

エリカ・コズミンスキーは、薬局チェーンの人事担当者で、2歳の娘の母でもある。長時間勤務しているため、子どもの面倒は夫と交代で見る――彼が平日に、エリカは週末に。エリカが思いがけず解雇されたとき、ショックは次第に解放感に変わった。ずっとやりたいと考えていた起業アイデアがあったのだ。

それは、電話会議やインタビュー、ミーティングの内容を文書にする小さなトランスクリプション（テープ起こし）・サービスだった。

最初、エリカは会議やインタビューに自分も出席し、その場でタイプを打ち、その日のうちに書類を仕上げて届けるサービスを考えていた。この契約で引き受けた仕事はうまくいっていたが、問題が2つあった。1つは会議に同席を許される機会が少ないこと、もう1つはその仕事が育児と両立できないことだった。

トランスクリプション・サービスを行なう会社はすでにたくさんあったので、エリカは基本的なサービスでは太刀打《たちう》ちできないと不安に思っていた。だが彼女は、もう1つ名案を思いついた。

それは作成する書類に基本的なフォーマットと見栄えのいいレイアウトを加えることだ。競争相手のほとんどは、自分の仕事はただ書類を書き起こすことだと割り切って、デザインには一切手をつけようとしない。エリカのクライアントには起業家や自営業の人が多く、作成された書類を受け取ったあと、それをグラフィックデザイナーやレイアウト担当に引き継げるとは限らなかった。

この「ほんのちょっとした差別化」は功を奏した。方針を変え、宣伝を始めて3か月後には、1人ではこなしきれない量の仕事が舞い込んで、エリカはチームを拡大する決心をした。

エリカはそのときもう1つ重大な決断をした。**従業員を雇わずに、請負業者だけ**

を雇うことにしたのだ。

請負業者だけでチームをつくれば、市場のニーズに応じて柔軟に人数を増やしたり減らしたりできる。この業界の仕組みから考えて重要な点だった。

最近のサイクルでは、11月から5月までエリカの予定はぎっしりで、180人のクライアントの仕事をこなすために14人のトランスクリプショニストを雇い、さらに全員のスケジュール管理のためにアシスタントも依頼した。

しかし夏場はトランスクリプションを必要とする仕事が激減するため、チームは4人に縮小する（請負業者はみな、この仕事には波があって、将来の発注が保証されていないのを理解している）。

最近では、エリカは自分では実際の書類作成業務をせず、マネジメントだけに徹している。柔軟性のあるビジネス構造をつくり上げたおかげで、彼女は窮屈な思いもせず、何もかも1人でやるときのような負担も感じないで、市場の変化に応じることができるのだ。

2009年の秋は、彼女にとって試練のときだった。娘がひどいインフルエンザにかかり、3週間も看病に専念しなければならなかったからだ。

「個人の力ではどうにもならない状態でした」と彼女は言う。しかし幸いチームが彼女を支えてくれて、ほとんどのクライアントはエリカが不在なのに気づきもしなかった。娘は回復し、エリカは仕事に復帰した。請求書の発送は遅れたが、幸い実際の収入には響かなかった。

請負業者を利用したチームづくりは成功だった。

◆アフィリエイト・プログラム——その利点と欠点

アフィリエイト・プログラムについて聞いたことがあるだろう。広告主が自社サイトへの訪問者や販売数を増やすために広告掲載者（アフィリエイト）と提携し、収入の一部を報酬として支払う仕組みだ。この広告モデルは早くから利用されていたが、現在主流となっているアフィリエイト・プログラムは、1996年にAmazonが顧客に利益を共有するパートナーとして参加を呼びかけたのが始まりだ（Amazonでは「アソシエイト」プログラムと呼んでいる）。

それ以来、主要な小売業者のほとんどが何らかのアフィリエイト・プログラムを

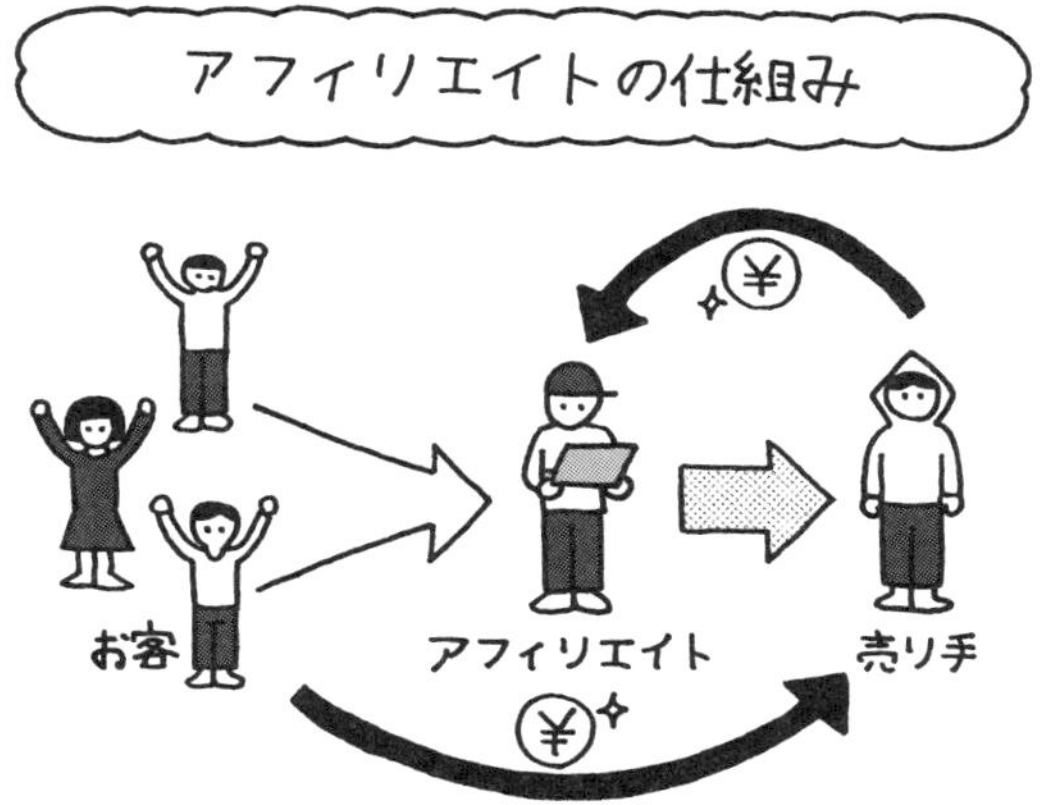

実施していて、1万円起業家にとっても身近で有効な方法になりつつある（念のため言っておくが、あなたが宣伝をするのではなく、報酬を払って宣伝を頼む側だ）。

うまくやれば、数百人のアフィリエイトがあなたの製品を売るために列をなすだろう。

もっとうまくやれば、あなたのビジネスや経済全体に何があっても長期間安定した収入をもたらしてくれる真のパートナーシップを築けるはずだ。

アフィリエイト・プログラムの仕組みは上の図のようになっている。

ほとんどのアフィリエイト・プログラムには2つの大きな問題がある。

まず、広告主が支払う手数料はごくわずかで、広告主のサイトに訪問者を誘導したアフィリエイトが得られる金額は非常に少ない。

次に、アフィリエイトは訪問者を無差別に誘導してしまう。

だが、大きな問題は大きなチャンスを生むものだ。**広告主がもっと高い手数料を支払い、その見返りとしてアフィリエイトに今以上の役割を要求すれば、もっと効果的なプログラムをつくれる**だろう。

私は何年間も、自分のビジネスではアフィリエイトに51パーセントの手数料を支払ってきた。製品の販売促進をしてくれたお礼として、彼らは私以上の金額を得るべきだと考えているからだ。

同時に、アフィリエイトはどこかにリンクを貼る以上の働きをする。もし彼らが成功したければ、自分のサイトの閲覧者と私のビジネスとのあいだに密接な結びつきをつくる必要がある。

そのために、彼らは私の製品を自分で試し、感想を書き、それを見て私のサイトにやってくる訪問者に何らかの特典を与えている。同じ方法でアフィリエイト・プログラムを構築すれば、誰でも質の高いパートナーを手に入れられるだろう。

フランチャイズについてのストーリーを知った今、「私は1人ぼっち」などと嘆く人はいないはずだ。

あなたは指示通りに動いてくれるバーチャル・アシスタントを大勢雇うことができる。1＋1を3またはそれ以上にするために、細心の注意を払ってパートナーシップをつくり上げることができる。ナタリー・ルシェール（ローフーズ・ウィッチ）のように、最初のビジネスを人に任せながら、まったく別のことを始めるもよし。

少なくとも、他人の名前がついたサンドイッチ店を開くのだけはやめたほうがいい。

KEY POINTS

□スキルと人間関係を活用すれば、同時に2つ以上の場所に存在できる。そのための戦略には、アウトソーシング、アフィリエイトの採用、パートナーシップがある

□ハブ・アンド・スポーク・モデル（オンライン上に本拠地を1か所つくり、他の前線基地は自分を多角化するために利用する）を活用しよう

□アウトソーシングするかどうかは自分で決めよう。ビジネスの性質と、あなたの性格が判断材料になる

□パートナーシップを模索するときは、自分がそれを本当に望んでいるのかどうかよく考えよう。トラブルのないように、「トラブルのないパートナーシップのための簡易リスト」を利用しよう

第13章　大きくなるのはいいこと？

事業を成長させるべきか、させざるべきか。それが問題だ

ここはシアトルのダウンタウンの、とある工場。ミシンがうなりを立てる。中国系アメリカ人の女性たちが、リュックやパソコン用のバッグにせっせと布を縫いつけているのだ。その多くは、もう何年もその工場で働いているベテランたち。私はその工場をオーナーのトム・ビンと、トムのビジネス・パートナーであるダーシー・グレイとともに見学した。

20人を超える従業員と工場を経営するトムは、事業の拡大を望んでいない。有名な小売業者たちが彼のバッグを自分たちの店で売りたいと持ちかけ、繰り返しパートナーシップを申し込んだにもかかわらず、トムはこの最大の成長のチャンスをすべて断った。私はこの決断に興味をそそられ、トムとダーシーにメールでもっと詳

しく教えてほしいと頼んだ。すると次のような返事が来た。
「僕たちは最初に、自分自身がメーカーであり、直接取引をする小売店であろうと決めました。そのほうが面白いからです。いわば自分たちのたたくドラムに合わせて行進しているようなものです。

カッコイイ製品、カッコイイ顧客、カッコイイ従業員がそろった、カッコイイビジネスをつくりたい。自分たちのブランドの確固たる地位を築き、それがずっと続くようにしたい。**でも、それはたくさん売ることとイコールではありません。**

全国の大型店で売って仮に儲かったとしても、ブランド・アイデンティティの強化にはほとんど役に立ちません。そのうえ、自分ではコントロールできない会社に自分の運命を託すことになります。彼らがうまくいかなくなれば、僕たちも巻き添えを食います。

それより、未来は自分たちの行動と決断にかかっている、というのがいいんです」

自分のたたくドラムに合わせて行進するのはさぞや面白いだろう。それだけでなく、ビジネスモデルとしてもそのほうがすぐれているかもしれない。

彼らのビジネスはたくさんの個人顧客からキャッシュフローを得ているので、大型店が彼らの製品を置くのをやめる（あるいは債務不履行に陥る）心配をしなくてもいい。1か所でしか買えないからこそ、トム・ビンのバッグはありふれた日用品とみなされずにすんでいる。

その強みを十分に把握し、市場を拡大しないほうが利益を上げ続けられることも、きっちりと計算しているのだ。

「うまくいかない日や、いやな経験はなかった？」——この質問へのトムの返事は、私の頭にずっとこびりついている。

「うまくいかない日には共通点があります。何をすべきかが自分でわかっていたのに、誰かの口車に乗せられてそれをしなかったときです」

少なくともパートナーシップについては、トムは誰かの口車に乗せられることはなかった。

◆自分のビジネスの健康状態は？　見るべき場所はここ

見事に独立を果たしたほとんどの人に、必ず降りかかる難問がある。

「ビジネスの規模をもっと拡大すべきか、小さいままでいるべきか？」

この章のテーマはそれだ。

多くの人があえて小規模なままにしておく選択をして、「自由なビジネス」であることを大切にする。一方で従業員を増やし、さらなる成長を目指す道を選ぶ人もいる。

どちらの場合であっても、トムとダーシーのように、自分たちのビジネスがなぜうまくいっているのかを理解し、拡大によってそれがさらに活かされるのか、損なわれるのかを考える必要がある。

そのために、まずは自分たちのビジネスの状態を把握しておくことが大切。チェックには、次のような2段階作戦が効果的だ。

・ステップ① 監視すべき指標を選ぶ。「売上」「キャッシュフロー」「将来の見込み客」などのうち、大切なものを1つ、あるいは2つだけ選んで、常にチェックする

・ステップ②　ステップ1で選んだ指標以外は、すべて隔週か毎月の見直し時期まで放置する。見直し時期にはビジネス全体を幅広く見直す

ケーススタディのなかには、まめな人もいれば、そうでない人もいた。神経質なほどデータを気にする人も大勢いる一方で、ビジネスの状態が「さっぱりわからない」という人もいる（このタイプの人に関する私の意見を言えば、性格や能力は人それぞれだとしても、財務を誰かにまかせっきりにしてしまうのは心配だ。金銭面が「さっぱりわからない」というのはいい兆候とはいえない）。

ビジネスの種類によって監視すべき指標は異なる。一般的なのは次のようなものだ。

- **1日の売上**――どれくらいのお金が入ってくるか？
- **1日の訪問者、または見込み客**――店舗、あるいはウェブサイトを見に来たり、詳しい情報を得るために会員登録などをする人は何人いるか？
- **平均注文金額**――1回の注文でいくらぐらい買っているか？

・**コンバージョン率**――訪問者や見込み客の何パーセントが顧客になるか？
・**ネットプロモータースコア**――顧客の何パーセントがあなたのビジネスを他人に推奨してくれるか？

もっと独特な指標もある。第7章で紹介した「会議のビジュアル化」の専門家ブランディ・アーゲルベックは、企業や非営利団体から依頼を受けて生計を立てている。

毎年一定数の依頼がないとやっていけないので、その数を確認するためにインデックス・カードをひと組用意しておく。カードがいっぱいになったら、しばらくは安心して他のことに集中できるという。

◇売却するなら……あなたのビジネスに高値がつく2つの条件

ジョン・ウォリローは執筆、講演、投資の生活に入るために「引退」するまで、4つの会社をつくって売却した。この4回の経験から学び、彼は今、いつか自分のビジネスを売りたいと考えている小さな会社のオーナーのためのコンサルティングをしている。

ジョンのアドバイスの勘所は、**「オーナーの特殊な能力がなくても利益を上げられる組織をつくれ」**という点に尽きる。

つまり、最終的に会社を売却して利益を上げることが目的ならば、そのためのビジネスモデルは、これまで本書で見てきたものとは違っているのだ。

本書の登場人物の多くは、「それが面白いから」という理由で、自分のためにビジネスを始め、自分の望む形でそれを続ける人たちだった。だが、ビジネスが成功した段階で、「売却」という選択肢を考えるのも決して悪くない。

「1万円起業モデル」を続けるか、ジョンの「売却モデル」に乗り換えるか——どちらの道に進みたいかを決めるには、次のシンプルな質問に答えるだけでいい。

「自分がほしいのは、どんな自由なのか？」

売却によって手に入るものもある。まとまったお金と時間、そして、新しいビジネスを始める自由だ。これらと、自分で今のビジネスを続ける自由のどちらを選ぶかは、あなた次第だ。

もし、あなたがいつか自分のビジネスを売却することを視野に入れているのなら、これまで本書で述べてきた方法とは決定的に違う、特別なステップをたどって準備するようにジョンは勧めている。

次のページのグラフを見てほしい。

ビジネスが、他人の手に渡っても拡大可能であるためには、「教えやすさ」と「価値の高さ」をあわせ持っていなければならない。

公認会計士は価値の高いサービスを提供するが、他人に教えるのは容易ではない（誰かをオフィスに連れてきて、ただ引き継ぐというわけにはいかない）。

一方、レストランでテーブルを片づける方法は数分もあれば教えられるが、それは価値の高いサービスとはいえない（ほとんど誰でもできる）。

売却名人のジョンの場合、両方を備えたビジネスモデルをつくっていた。

売却に成功した4つの例のうちの1つは、企業の財務調査を独自の方法で行なって、経営に関するアドバイスを提供する会員サービスだ。これはクライアントにとって非常に価値が高いが、同時に他の人に教えやすくもある。

もう1つの例は、大企業が市場調査に利用できる消費者グループを組織する会社

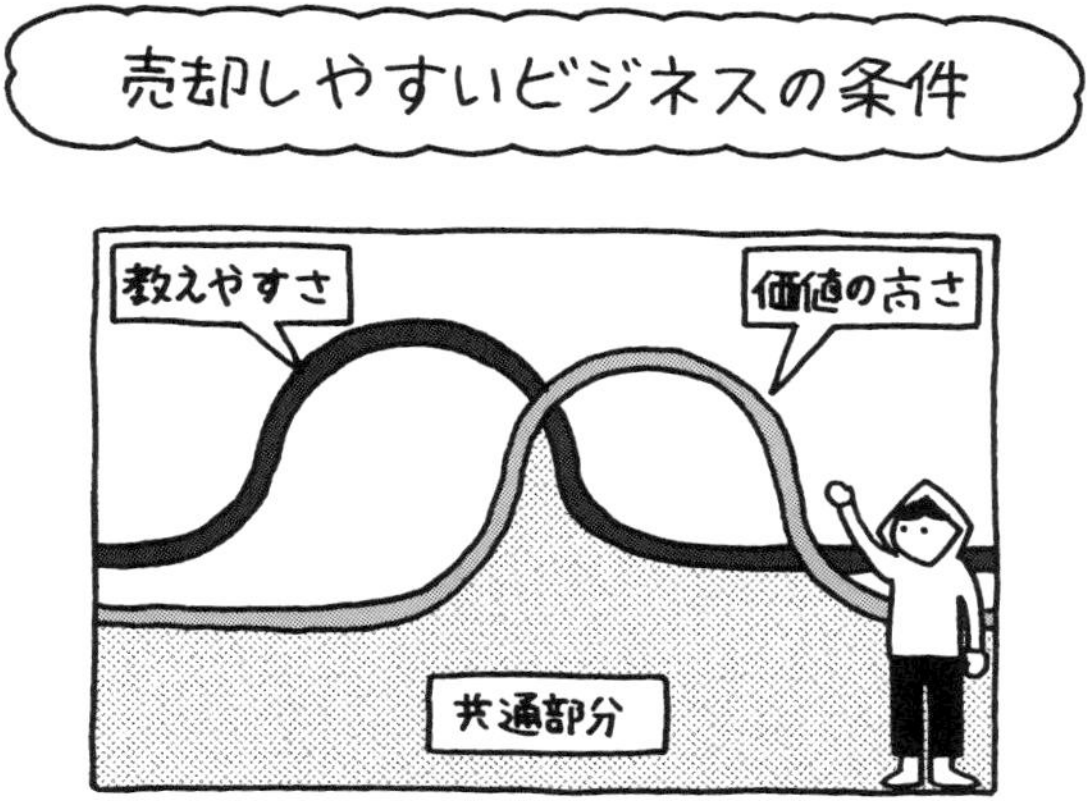

だ――これまた価値は高いが、オーナーが代わっても再現できるサービスだ。

本章の登場人物たちがたどり着いた答えはさまざまだ。その解答を実行に移すために、彼らはそれぞれに何かを受け入れ、何かを捨てた。

全部は手に入らない。

ビジネスが成長するにつれて、あなたも自分の好みや先の見通しに基づいて、何かを決断する必要に迫られるだろう。その決断には価値があり、それを決断する立場になるのはいいことだと覚えておいてほしい。

KEY POINTS

□成長を追及して拡大を目指すか、小さいままでいるか、どちらを選んでもいい。それは、あなたがどんな自由を望むかにかかっている

□自分のビジネスの生命線ともいえる重要な指標を1つか2つ、常に監視しよう。その他は月に1回か2回、定期的にチェックすればいい

□拡大可能なビジネスは、「教えやすさ」と「価値の高さ」を兼ね備えている。もしビジネスを売りたいと考えているのなら、チームをつくってオーナーへの依存度を下げる必要がある

第14章　あなたはもう、いちばんの専門家！

たとえ屋根が崩れ落ちてきてもチャンスに変わる

実は、これまで本書に登場したほとんどの人たちは、失敗から立ち直った経験を持ち合わせていた。

新製品が箸《はし》にも棒にもかからなかったり、苦労してパートナーシップにこぎ着けた相手がやる気ゼロだったり、などなど。

繰り返し耳にしたのは、次の台詞だ。

「コレを試してみてもうまくいきませんでした……でも、そのあとでアレをやってみたんです」

小さな町出身の彫刻家、ジョン・T・ウンガーが語る「奇跡の復活」物語ほどドラマチックで教訓に満ちた話は聞いたことがない。

ジョンに言わせると、人生で3番目にラッキーだったできごとは、大雪で自分の仕事場の屋根が崩落したことだった。

建物は半壊。当時は彫刻家ではなく、グラフィックデザイナーとして仕事をしていた彼は、容赦《ようしゃ》なく北風の入る仕事場で、あるときは震えながら働き、あるときは排気管のない灯油ヒーター（違法だ）で暖をとってしのいだ。

悪夢のような話だが、それから面白いことが起こった。銀行が被害状況を査定しに訪れたついでに、彼の仕事内容に感銘を受けて、予算1万ドル（100万円）の仕事を依頼したのだ。ジョンはそのお金を、前々から購入しようとしていた2軒のビルの頭金にあてた。

「建物が壊れていなかったら、銀行が仕事を発注してくれることは絶対になかったでしょうね」

ジョンに起こった2番目のラッキーは、2000年のドットコム不況のさなかに、グラフィックデザイナーとしての本業を失ったことだった。失職したことで、他のすべても失った——収入、ガールフレンド、アパート。そしてアパートから引っ越す最中に起きた事故で、親指の一部さえも。

奈落の底に突き落とされたジョンは、これからどうしたらいいのかと深く思い悩んだ。友人たちは、くよくよせずに何でもいいから仕事を探せよと勧めたが、そんなことを言われても仕事が目の前に出てくるわけでもない。

そんなとき、ジョンの人生最大のラッキーが起きる。深夜、気の荒いタクシー運転手ともめたことだった。

運転手は彼を食堂の裏の部屋に引きずり込むと、10分間銃を突きつけたまま、わめき散らした。ジョンは何とか脱出し、汗をかき、震え、生きていることを喜びながら歩いた。

「やった！」ジョンはふらつく足取りで歩きながら、空に向かって叫んだ。「僕はなんて運がいいんだ！」

今になってジョンは振り返る。

「そんなことがあったら、もう小さなことは気にならなくなります。すべてのことがまったく別の意味を持ちはじめるんです」

彼が彫刻家としての道を開いていったのは、それからだった。

◇誰の許可を待っているの？

本書にはさまざまな形のアドバイスが書かれているが、**アドバイスと許可を混同してはいけない**。

夢を追うのに、誰かの許可がいるはずもない。あなたが1万円起業を（あるいは他の何でもいいが）始めるのを待っているのなら、待っていないで始めよう。

会社を辞めてデザイナーとして独立したチャーリー・パブストは、自分が学んだ最高の教訓は、**たとえ善意ある友人からのものであってもアドバイスを無視することだ**という。

「僕の現在のビジネスと人生は、僕が徹底して自分の意志を貫かなければ存在しませんでした。世の中を見渡せば、自分でビジネスを経営していない人がほとんどです。そしてそのなかには一定の割合で、他人が9時から5時までの会社生活から抜け出していくのを快く思わず、協力的でもない人がいます」

善意から出たものであっても、何でもよく知っているつもりの人からのおせっかいなアドバイスは、ときには不必要で邪魔になりかねない。

「美食旅行ビジネス」を創設したシェリー・ヴァーティは言う。

「いちばん信用できるのは、自分の判断です。旅行ビジネスを始めたばかりの頃、そんな仕事がうまくいくわけがないと理由をあげて諭《さと》す人から経営の仕方を指図する人まで、周りの人たちがありとあらゆるアドバイスをくれました。でも、いちばん詳しく調査していたのは私で、その私が自信を持っていたので、他人の意見を聞くのをやめました。

お気持ちには感謝しますが、私よりビジネスを知らない人が、正しく決断できるわけがありません」

ときには、「まったくアドバイスしないこと」が最高のアドバイスになる。

自分が何をする必要があるかわかっているのなら、次のステップは単にそれを実行することだ。

待つのはやめて、はじめの一歩を踏み出そう。

◇1万円起業家たちが怖がっていたものは？

本書に登場したビジネスオーナーたちに、必ず投げかけた質問がある。

「いちばん大きな恐れ、心配ごと、あるいは気がかりは？」

みな自分のプロジェクトから少なくとも5万ドル（500万円）の収入（それをはるかに上回る人も多い）を得ていた人たちだ。何を恐れていたのだろうか？ 眠りを妨げるものは何だったのだろうか？

その答えは、外的なものと内的なものの2つに大きく分けられる。

その① 外的な恐れ

これは、マーケットの変化に関係したものがほとんどだ。特にネットビジネスの場合、「技術上のアンバランス」を利用する形でつくられたものが多い。ユーザーが不便だと感じることを解消するサービスを供給していた場合、そもそもの問題が修正されてしまえば需要がなくなる。

純粋にネットにとってかわられる心配もある。アラスカ・クーポン・ブックを発行したスコット・マクムレンは、オンライン・クーポンが流行している現状に脅威を感じていた（自分たちもオンライン化する方法を考えている、とも語っていた）。

また、グーグルの検索結果が上位だとか、iTunesストアでの順位が高いという理由だけで成長している（誰かの表現によれば「アップルの神に愛された」）ビジネスは、風向きが変われば何もかも失う危険性がある。

ユニークなものをつくっても、もっと大きな企業に真似されたり「盗まれ」たりするのを気にする人も多かった。小さな共同経営の会社で子ども服をつくっているマリアンヌ・カスコーンは、この心配について次のように語っている。

「スタートしたときからいちばん恐れていたのは、私たちの製品が『コピー』されて、値段が下がることです。特許や商標登録で守られてはいても、ときどきそういうことは起こります。ディスカウントチェーン店に目をつけられると、別の会社の名前で私たちのデザインが売られているのを見ることになります。

でも、私は固く信じています。わき目もふらず質のいい製品をつくっていれば、いつでもトップに立てると。市場で勝ち残りたいのは誰しも同じですから、彼らは私たちから盗んでいるのではなく、私たちと競っている。そう考えるようにしています」

ほかに、従業員のために十分なキャッシュフローを維持することなど、予測された答えも返ってきた。

たしかなのは、**ビジネスの前途についてそうした恐れを抱くのは極めて当然だということ、そして、それに対処する方法を誰もが考えながら進んだということだ。**

その② 内面的な恐れ

外的なもの以上におそろしいのが、自己の内面に起因する恐れだ。

起業時の情熱が衰えたあとも車輪を回し続ける必要があった人は、「自分をごまかすこと」について心配していた。

「いちばん怖いのは、自分の書く記事の内容が平凡になることでした」とは、ブログでの集客を誇るコンサルタントのアリソン・スタンフィールドの弁。

また、夫婦でマーケティング会社を経営しているブリッタ・アレクサンダーは「クライアントのためにビジネスの方向を変えて、それが理由で自分の仕事を嫌いにならないように注意してください」と語った。

「その道を進めば進むほど、方向を修正するのは難しくなります。そしてそれが自分の会社なら、仕事を辞めるのは至難のわざです」

内面的な部分を掘り下げて考えると、恐れや心配は、アイデンティティの問題に密接に関わっている。

「私は仕事が好きだ」と誰かが言う。「でも、仕事しか好きなものがないとしたら、あるいは好きなことを仕事にして、もう面白くなくなったとしたらどうしよう？」

でも、安心してほしい。こうした発言のあとには、たいてい次のような言葉が続くからだ。

「結果がどうあれ、このビジネスを始めたのは正解でした。ビジネスを軌道に乗せるために費やした労力、努力、そして犠牲は十分報われましたから」

最も印象的だった、ヨーロッパのデザイナーの発言を紹介して、このテーマを締めくくろう。

「正直なところを知りたいですか？　以前私は、自分のビジネスが失敗するのを期待していたといっても過言ではありません。そういうものだと思っていたんです。

はじめて経営するビジネスだったし、大きな成功の陰には大きな失敗がつきものだとわかっていましたから。最初からそうやって待っていれば、あとから『ああ、これは失敗だった。でも勉強になったな！』と振り返れますからね」

幸い、彼のビジネスは現在も順調だ。

◇人生最高の一瞬をつくろう

数千ページに及ぶ調査データを読み返し、数え切れないほど事後調査の電話をかけながら、私にはある質問をする習慣が身についた。

「ビジネスを始めるという決断に価値はありましたか？」

この質問はあまりにも単純すぎると思うかもしれない。だって答えは「イエス」に決まっているだろう？　たしかにその通り……だが、わざわざこの質問をするメリットは、いろいろな人びとがどう答えるかをはっきり聞けたことだ。

前向きな返事の陰には、たいていストーリーがあり、そのストーリーはしばしば、このビジネスがうまくいくと確信したある1日、できごと、あるいは瞬間に結びついている。

本書もそろそろ終わりに近づいてきたところで、彼らの生の声を聞いてみるべきだろう。

・ゲイリー・レフ（マイレージ手配人）

「僕が提供するサービスにお金を払う人がいるなんて、思ってもみませんでした。

だから最初のクライアントからサービスに対する支払いとして小切手を受け取ったとき、ものすごく重いもので頭を殴られたような気がしました——テーブルの上に本物のお金がある！　そして、その最初のお客さんがある雑誌で僕のサービスを推薦しているのを見たとき、自分がしていることは評価され、需要もあるんだとわかりました」

・カレン・スタール（店の壁画で成功したインテリアデザイナー）

「2010年は銀行の融資を受けるのが難しい年でした。

私と夫はインテリアデザインの事務所を構えようと、あるビルに目星をつけていました。そこを借りるのに大金は必要ありませんでしたが、かといって、手持ちの資金だけでは無理だったんです。残念なことに、銀行の返事はノーでした。

その日遅くなってから夫はビルの所有者に電話をかけ、ビルを借りる資金が工面できないから、他に興味を示す人がいたらあきらめると言いました。彼が電話でその言葉を伝えるのを聞いたとき、突然こう叫んだのを覚えています。

『ジョン、待って！　もう一度やってみましょう！　もう一度銀行と話してみるから、2、3日だけ待ってほしいと大家さんに伝えて。今度は最後まで私たちの話を聞いてもらうのよ。聞いてくれさえしたら、私たちを信じてくれるわ』

その試みは大成功でした！　銀行は私たちの主張を聞き入れてくれたんです。それから2年たちますが、あれほど興奮した経験はありません。もう一度情熱をぶつけて訴えたのが、私たちにとってすべての始まりでした」

・カイル・ヘップ（結婚式写真のプロ）

「私が車に跳ねられたあと、夫と私はヨーロッパ中を旅行しました。旅が終わったらチリに帰り、予約がなくなるまで結婚写真を撮る仕事をして、それからふつうの仕事に戻るつもりでした。

イタリアでは贅沢《ぜいたく》をしようと決めました。最上級の部屋にチェックインして、10分間インターネットを使うためにとんでもない金額を払うことにしました。そして……そのメールを見たんです！

私たちのパッケージのなかでも最高の5000ドル（50万円）を超えるプランに、アメリカに住む会ったことのない新婦から申し込みがあったのです。

私は舞い上がってしまいました。母に電話し、父にも電話して、大騒ぎしましたした——愚かにもホテルの電話を使ったので、結局さらに100ドル札を何枚か使う羽目になりました。

はしゃぎまくったのはお金のためじゃありません。外国に住む写真家にそれだけの金額を払うのは、信頼してくれたからでしょう。私たちを雇って飛行機で呼び寄せようとする新婦が1人いるなら、たぶん他にもいるはず。もしチリとチリ以外の国の両方で仕事ができれば、私たちはやっていけると思いました。実際、その通りになったんです」

世界中を旅して1万円起業家たちに会っているあいだ、私は繰り返しこういうストーリーを聞いた。あなたにもこのような一瞬が訪れたら、しっかりつかんで離さないように！

その瞬間の記憶は、あなたが苦しいときに勇気と前向きな力を与えてくれるだろう。

◆1万円起業家は新しい未来をつくり続ける

1万円起業家たちの挑戦はこうしている今も続く。

オハイオ州コロンバスではジェンとオマールが地図の製作を続け、これまでの直接販売に加えて卸売取引にも手を広げている。オンライン旅行会社エクスペディアのコマーシャルで取り上げられた彼らは、次の試みの一部としてしゃれた旅行専門店を開こうと考えている。

カロル・ガジャとアダム・ベーカーはさらに2回の大売り出しを実施し、そのたびに彼らとアフィリエイトのために10万ドル（1000万円）以上の収入を上げた。

私は彼らにこう依頼した――現金の入った袋を銀行に運び終わり次第、本書の発売のプロデュースを手伝ってほしい、と。

ベニー・ルイスは今でも世界中を旅して語学ハッキングを続け、トルコ語の短期集中講座のためにイスタンブールに行った。次は台湾で北京官話を学ぶつもりでいる。

ブレット・ケリーの12万ドル（1200万円）の電子書籍は、16万ドル（1600万円）の電子書籍になった。彼の妻は家で子育てに専念し、今ではまったく借金のない生活をしている。

もっとも重要な教訓は、エミリー・カヴァリエからのメールに書かれていた。

彼女がこれまで登場しなかったのは、その資格がなかったから――これから1万円起業家になろうとしているからだ。

エミリーは最近、エスニック・フード中心の旅行とイベントビジネス「マウス・オブ・ザ・ボーダー」を始めるために、マンハッタンでの高収入の仕事を辞めた。

独立への意欲を感じているかと聞くと、彼女はこう答えた。

「ええ、毎日。いちばんいいのは、朝起きたときよりもっとワクワクしながら眠りにつけることです。**来る日も来る日も、私は自分が夢中になれて、私だけでなく他の大勢の情熱もかきたてる仕事をつくることに専念しているんです」**

そう、エミリーや本書に登場したすべての人たちのように、あなたにもそれができる。あなたは1人ではないのだ。

もちろん、失敗から学ぶこともある。おそらく自由を得る途上で、少なくとも1回は間違ったスタートをするだろう。

でも1万円起業なら、失うものはほとんどない。

みんなのストーリーから学んだ教訓を生かして、あなたが望む新しい未来をつくり出そう。

KEY POINTS

□アドバイスは役に立つが、ときには無視することも大事だ。誰かが許可を与えてくれるのを待っていてはいけない

□競争など外部の要因以上に手ごわい敵は、心の中にある恐れや無気力だ。幸い、これらの敵は自分の力でねじ伏せることができる

□成功や、うまくいくとわかった「瞬間」のストーリーは、しっかりつかんで離さないようにしよう。困ったときの支えになるだろう

□この本全体を通じてもっとも重要な教訓――他人の人生を生きて、時間を無駄にしてはいけない

エピローグにかえて——もっと知りたいあなたは……

どんな楽しい時間にも終わりはある。もしあなたがこの本をここまで読んでくれたのなら、いい時間の使い方だったと思ってもらえればうれしい。

もっと知りたい人は、100 startup.comを訪れてほしい。そこには他の読者や1万円起業家たちが集まるコミュニティがある。

本書に掲載されている穴埋め式のプランづくり（「今日からできるコンサルタント・ビジネス」、「A4用紙1枚のビジネスプラン」など）に加えて、最終稿に入れられなかった多数の情報も見ることができる。

- 調査から得たデータとサンプル・インタビュー。書き起こしとオーディオ・ファイル付き
- ベニー・ルイス（第4章）、ジェンとオマール（第6章）、カロル・ガジャ（第

8章）のインタビュー・ビデオ
・ブログ定期購読者の経済学。平均的なブロガーはどれくらい稼いでいるか
・利益を増やすために利用できる、定期購読料、上位商品販売、価格体系に関する分析

これらの情報はすべて無料で、登録しなくてもOKだ。また、コミュニティ・フォーラムも開かれているし、さらに多くのケーススタディや具体的なビジネス戦略など、有料の情報も用意されている。

最後に、本書を読んで面白いと思ってくれたら、自由に感想を教えてほしい。私のメインのウェブサイト、chrisguillebeau.comから直接メッセージが送れる。

ここで、私は本書で紹介したビジネスモデルを追跡調査もしていて、執筆したものやビジネスの少なくとも80パーセントを定期的に無料で公開している。

twitter.com/chrisguillebeau
facebook.com/artofnonconformity

本書は、２０１３年９月に小社より刊行された単行本に、加筆・修正を加え文庫化したものです。本書では１ドル＝１００円として計算しています。

1万円起業【文庫版】
片手間で始めてじゅうぶんな収入を稼ぐ方法

2015年5月3日　第1刷発行
2020年7月3日　第4刷発行

著　者　クリス・ギレボー
監訳者　本田直之

発行者　大山邦興

発行所　株式会社飛鳥新社
〒101-0003 東京都千代田区一ツ橋2-4-3 光文恒産ビル
電話　03-3263-7770（営業）03-3263-7773（編集）
http://www.asukashinsha.co.jp

装　丁　井上新八
イラスト　加納徳博
翻訳協力　大間知 知子

印刷・製本　中央精版印刷株式会社

ISBN 978-4-86410-404-3

編集担当　矢島和郎